U0456096

# 因心而育 从德而行

## "恩德"文化的建设与实践研究

韩洪涛 著

天津社会科学院出版社

## 图书在版编目（CIP）数据

因心而育　从德而行："恩德"文化的建设与实践
研究 / 韩洪涛著 . --天津：天津社会科学院出版社，
2021.1

（天津市中小学"未来教育家奠基工程"学员成果丛
书）

ISBN 978-7-5563-0703-6

Ⅰ.①因…　Ⅱ.①韩…　Ⅲ.①小学－校园文化－建设
－研究－河西区　Ⅳ.①G627

中国版本图书馆 CIP 数据核字（2020）第 253275 号

因心而育 从德而行："恩德"文化的建设与实践研究
YIN XIN ER YU CONG DE ER XING；"ENDE"WENHUA DE
JIANSHE YU SHIJIAN YANJIU

| | |
|---|---|
| 出 版 发 行： | 天津社会科学院出版社 |
| 地　　　址： | 天津市南开区迎水道 7 号 |
| 邮　　　编： | 300191 |
| 电话 /传真： | （022）23360165（总编室） |
| | （022）23075303（发行科） |
| 网　　　址： | www. tass-tj. org. cn |
| 印　　　刷： | 高教社（天津）印务有限公司 |

| | |
|---|---|
| 开　　　本： | 787×1092 毫米　1/16 |
| 印　　　张： | 14.5 |
| 字　　　数： | 170 千字 |
| 版　　　次： | 2021 年 1 月第 1 版　2021 年 1 月第 1 次印刷 |
| 定　　　价： | 68.00 元 |

# 恩德里小学赋

遥想当年兮,

海河之滨,越秀路旁。岁在甲辰①,杏坛②肇创。

攻坚克难,劈波斩浪。名冠恩德,弦歌③四方。

历任校长,高瞻导向。身先士卒,开地拓荒。

几代园丁,勠力同扛④。筚路蓝缕,躬耕陋巷⑤。

数届学子,不息自强。焚膏继晷,含英吐芳。


喜看今朝兮,

良师俊贤,德业双昌。因材施教,教学相长。

恩德少年,发愤兴盎。孝亲惟先,尊师重长。

学海泛舟,振翅翱翔。少年中国,激情荡漾。

快板时调,余音绕梁。开放课程,源本流淌。

快乐课后,丰盈课堂。以生为本,学无边疆⑥。

---

① 甲辰,指 1964 年。
② 杏坛,源于《庄子》,原指孔子教学之地,借指教学场所。
③ 弦歌,源于《庄子》,原指孔子进行教学,借指普育。
④ 勠力同扛,改自勠力同心,为押韵改心为扛。
⑤ 陋巷,源于《论语》,原指孔子弟子颜回学习的场所,借指老师简陋的教育场所。
⑥ "以生为本,学无边界。"是恩德里小学的课程理念,为了押韵改"边界"为"边疆"。

远瞻未来兮，

华夏复兴，黉门①重光。恩德使命，志在兴邦。

碧树茵茵，书声琅琅。培桃育李，岁月流芳。

心怀感恩，身心并长。涵养美德，乐学向上。

恩德文化，浸润心房。恩惠万民，谱写华章。

德润万物，泽披沽乡②。恩德精神，万古弘扬。


大哉，我恩德，必任重③担当。

美哉，我恩德，培大国工匠。

善哉，我恩德，育强国栋梁。

壮哉，我恩德，定山高水长。

---

① 黉门，古代指学校。
② 沽乡，代指津沽，即天津。
③ 任重，源于《论语》的"士不可以不弘毅，任重而道远"。

# 前　言

又是一年长空鸣燕,又是一年柳絮飞扬,又是一年霜风雨雪,又是一年桃李飘香。

在历史的长河中,教育一直肩负着时代的使命,决定着人类的今天,也决定着人类的未来。

习近平总书记曾经指出:教育是民族振兴、社会进步的重要基石,是功在当代、利在千秋的德政工程,对提高人民综合素质、促进人的全面发展、增强中华民族创新创造活力、实现中华民族伟大复兴具有决定性意义。

建设教育强国是中华民族伟大复兴的基础工程,而基础教育在国民教育体系中处于基础性、先导性地位。

天津市河西区恩德里小学(简称恩小)始建于 1964 年,至今已走过半个多世纪的历史路程,是一所办学历史悠久、理念先进、敢于创新的全国实验先进校。五十多年中,恩德里小学犹如漂泊在历史长河中的一只船,与她的建设者们共同栉风沐雨,一同经历沧海桑田、风云激荡。在改革的巨浪中,我们开垦沃土、攻坚克难。风风雨雨里,我们抢抓机遇,运筹希望。是艰苦奋战,倾心投力,开拓进取,创新发展,为学校赋予了一个个新的内涵,使学校逐渐完善、成长,由最初的一只小舟,发展成一所"天津市义务学校现代化达标学校"。

如何将不同类型的课程由"相斥"变"相吸"? 如何解决学生"三点半"放学难问题? 如何由一所随迁学子聚集地变成当地综合实力前列的公办小学? 恩德里小学将为此提供发展新思路。

每当早上在校门口看到学生撕辣条吃心里就特别不舒服,营养早餐距离孩子还有多远?所以,恩德里小学需要走他人未走之路,成为天津市第一所提供早餐的小学。

虽然学校只是一所普通公办小学,但是,家长一提到恩德里小学,都会竖起大拇指。因为这所学校关注学生的生命成长,专注生命教育,"心怀感恩,涵养美德"关注所有孩子的生命进程,让学生享受多彩童年,享受每一刻生命的精彩,是所有老师的心愿。

恩德里小学还是天津市第一所把 STEM 课程写进课表的学校,第一所开展"三点半"课程的学校,第一所举办以"课程建设年会"活动命名的学校……每个"第一"都透露出学校对教育事业的热忱。其背后,更是恩德里小学领导团队不断摸索、不断尝试的成果。

民族复兴,教育先行。一流的学校,不仅要有一流的教师,还要有一流的教育管理者,有一流的校长。

伟大的人民教育家陶行知说:"校长是一个学校的灵魂。"校长是教育的传播者、实践者和领导者,是学校教育的核心和关键,是学校牵一发而动全身的"命脉",其工作的成败往往直接关系学校教育教学的兴衰。

2014 年,当学校新一届领导班子组成时恰逢建校 50 周年,作为校长,我领导团队在学校原有文化的基础上提出了"心怀感恩、涵养美德"的教育理念。"恩德"文化也成为恩德里小学为之奋斗的办学追求。

做一个好校长,不仅是校长良好的意愿,更是一所学校、一方教育的美好愿景。

那么,怎样才能成为一位好校长呢?

我认为,一位好校长,必须是有激情、有魅力、有思路、能创新的校长。

**一、好的校长必须有激情**

激情是一个人工作的原动力、是成功的内在源泉。

在激情的推动下,一个人的才华能真正发挥到极致;没有激情,工作和事业就很难有起色。

著名作家爱默生说过："有史以来,没有任何一项伟大的事业不是因为热忱而成功的。"

那么,校长需要怎样的激情?

校长需要的激情是能感染身边每一个人。

正如著名管理学家杰克·韦尔奇在任通用电气总裁时说:"我很有激情。通过我的激情来感染我的团队,让我的团队也有激情,这才是我真正的激情所在。"这也是校长真正的激情所在,我们的校长需要这样的激情。

校长只有在工作中有激情,保持激情,才能最大限度地激发中层干部的工作激情,激发教师教学的激情,激发学生学习的激情,从而激发学校的生机与活力并且激发出学校的特色,最终赢得学校的发展和社会的认可。

**二、好的校长必须有魅力**

一所学校办得好与不好,是和校长的自身素质、自身的魅力密切相关的。

校长的魅力是学校的"魂",是"统帅一切,主宰一切"的核心所在。

对于校长而言,管理即影响力。

一个优秀的校长,要想真正管理好一所学校,就必须从思想、人格、个性、能力等方面不断塑造自我,形成自身的魅力,形成强大的凝聚力和感召力,形成强大的影响力,从而更好地统领学校工作、推动学校的发展。

总之,一个魅力十足的校长,一定能带出一个好班子、一支好队伍、一所好学校。

**三、好的校长必须有思路**

思路决定出路,正所谓"源之不远,流之不长"。

校长管理,不仅需要有发展的眼光、科学的规划、高瞻远瞩的魄力,而且在办学、管理等方面更要有明确的思路。

校长的思路从哪里来?

校长的思路,来自校长自身良好的修养;

校长的思路,来自校长崇高的教育信念;

校长的思路,来自校长对教育的执着;

校长的思路,来自校长超前的办学理念。

### 四、好的校长必须能创新

创新,是校长的办学之魂;创新能力是卓有成就的校长必备的素质,是校长能力结构的最高层次。

学校的发展离不开校长的创新,校长的创新是学校发展的不竭动力。

校长创新,需要有醇厚的功力;

校长创新,需要有非凡的眼力;

校长创新,需要有高涨的热情;

校长创新,需要有充满智慧的灵感;

校长创新,更需要有无畏的勇气。

总之,做最好的校长,必须具备激情、魅力、思路、创新四大品质,只有这样,才能在管理中影响学校、把握学校、引领学校、创新学校,办出更好、更有特色的学校,开创学校新的局面。

# 目 录

## 第一章　文化立校,涵养美德

## 第二章　以人为本,立德树人

## 第三章　智慧教师,德艺双修

# 第四章　全面发展,快乐成长

# 第五章　规范办学,成效显著

# 第一章
## 文化立校，涵养美德

# 第一节　学校精神文化建设

作为一名校长，我常常思考：教育，如何培育每一个生命个体？小学六年，我们能为学生留下些什么？是啊，每一个生命都值得敬畏。我们要最大限度地帮助学生点亮他们的梦想，让他们幸福地走向未来之路。

太阳每天都是新的。当我们踏着阳光走进校园，当那些有着稚嫩面孔的学生见到我们鞠躬问好的时候，当教室里那些求知若渴的目光虔敬地注视着我们的时候，我们怎能没有大情怀，心里装着民族和国家；怎能没有敬畏感，心里装着理想和信念；怎能没有价值感，心里装着孩子们的幸福和未来。

学校愿景，是学校对未来理想和长远战略目标所描绘的纲领性蓝图，是学校的发展目标，也是学校全体师生的共同愿望。

经过一段时间的深入了解、思考、实践、求教，我对学校的办学文化的"顶层设计"逐渐清晰起来。在确定了"乐享学习，润泽生命"办学理念的基础上，明确提出了"使每个儿童生命更精彩"的价值追求，大胆倡导"七彩童年教育"的教育思想，以"立志向，有梦想，爱学习，爱劳动，爱祖国"为培养目标和"德艺双修，以人格魅力和学识魅力感染学生"的教师目标，以"建设学生喜欢、家长信任、社会赞誉的学校"为学校的办学愿景。

学校文化重在建设，它包括物质文化建设、精神文化建设和制度文化建设。这三个方面建设的全面、协调发展，将为学校树立起完整的文化形象。

学校文化建设渗透于学校的教学、科研、管理、生活及各种校园活动等方面，校园文化建设是学校实施素质教育和精神文明建设的重要组成部分，是学生成长成才的内在需要，更是推进学校和谐发展的重要载体。

在学校文化建设中,精神文化是目的,物质文化是实现目的的途径和载体,是推进学校文化建设的必要前提;物质文化建设是校园文化建设的重要组成部分和重要的支撑。校园物质文化,属于校园文化的硬件,是看得见摸得着的东西。校园每一个物质文化的实体,以及各实体之间的关系,都反映了某种教育价值观。

完善的校园设施将为师生员工开展丰富多彩的、寓教于乐的教育活动提供重要的阵地,使师生员工教有其所、学有其所、乐有其所,在求知、求美、求乐中受到潜移默化的启迪和教育。完善的设施、合理的布局、各具特色的建筑和场所,将使人心旷神怡、赏心悦目,将有助于陶冶校园人的情操,将塑造校园人的美好心灵,将激发校园人的开拓进取精神,将约束校园人的不良风气和行为,将促进校园人的身心健康发展。

校园精神文化建设是校园文化建设的核心内容,也是校园文化的最高层次。它主要包括学校历史传统和被全体师生员工认同的共同文化观念、价值观念、生活观念等意识形态,是一个学校本质、个性、精神面貌的集中反映。校园精神文化又被称为"学校精神",并具体体现在校风、教风、学风、班风和学校人际关系上。

**一、学校文化是一种氛围、一种精神**

校园文化是学校发展的灵魂,是凝聚人心、展示学校形象、提高学校文明程度的重要体现。校园文化对学生的人生观、价值观产生着潜移默化的深远影响,而这种影响往往是任何课程所无法比拟的。健康、向上、丰富的校园文化对学生的品性形成具有渗透性、持久性和选择性,对于提高学生的人文道德素养,拓宽学生的视野,培养跨世纪人才具有深远意义。

学校文化犹如学校的空气,无时不在,无处不在,它在校园里自由地流淌,恒久地滋养,可以让每一位师生静下心来深深地呼吸,品味文化的芬芳,接受文化的洗礼与浸润,促进生命的健康成长。

那"恩小"的文化是什么?——我们的校名,恩,惠也。从心,因聲。恩指内心感激的外来帮助。德，升也。境界因善行而升华。德指人们共同生活及行为的准则和规范、品行、品质。

恩德，恩是德的核心和精髓，德是恩的体现与彰显，怀着一颗感恩的心去做事，就可以说是有德。融入道德的感恩才是真诚的感恩。恩和德共同构成了人生这棵大树的根基。有恩才有德，有德才有福，这就是古人所说的厚德载物，这就是我们的"恩德文化"。

一进校门，校园内高高耸立的"感恩"石便把你带入一种美好的境地，耳边清晰地听着学生那琅琅的读书声，一会儿是慷慨激昂的"少年中国说"，一会儿是"古今诗文佳句"。看着、听着这一切，有一种心灵被净化的感觉。

在学校一楼大厅的主题墙上，醒目的"少年强中国强"几个大字时刻在给予学生一种力量、一种气概和自信。恩德里小学的全校学生都会吟诵《少年中国说》，就是一年级的学生吟诵起来也是激情满怀。这样的激情绝对不是表演出来的，而是"恩小"的书香环境熏陶而成。他们不仅会吟诵《少年中国说》，同时被梁启超的爱国故事所感动，更为梁启超自幼勤奋好学、刻苦钻研的精神所感染。梁启超"八岁学为文""九岁能缀千言"，因为他读书时，心无杂念，一心一意沉浸在诵读之中，天天坚持，天天积累知识，他读四书五经，熟读能背。所以他能出口就成诗，出口就成章。学校号召学生向梁启超学习，学习他全身心投入学习，为中华崛起，为实现中国梦，为中国强大立于世界而勤奋好学、全面发展。

习近平总书记在全国教育大会上的重要讲话，强调"培养什么人，是教育的首要问题"，必须把培养社会主义建设者和接班人作为根本任务，并围绕坚持中国特色社会主义教育发展道路、培养德智体美劳全面发展的社会主义建设者和接班人做出深刻阐述，同时明确要求"要在加强学生品德修养上下功夫"，为新时代教育学生明大德、守公德、严私德，引导学生成为有大爱、大德、大情怀的人提供了有力指引。

世界上每个民族和国家都有其特有的文化形态与文化个性，而"德"是文化核心,是构成一个国家、一个民族凝聚力的重要源泉。从古至今,中华民族都十分重视"德"在国家和人民中的培育,坚信"国无德不兴,人无德不立";甚至教育的全部工作,都可以总结在"德"这一概念中。无论教育的基本理念随着时代的需求而呈现出怎样的变迁,它的道德目的始终是不变的主题。

我国不同历史阶段的"德"的思想内涵,在"德育为首""德育为本""德育为先""立德树人"等不同表述中随着时代的发展变迁而不断延续丰富。新时代"培养什么样的人、如何培养人以及为谁培养人",赋予"立德树人"新的理论内涵,突破校内个体道德教育理念的边界,实现与大德、公德的统一。从时间的、空间的、动态的视角看,作为国家、社会、企业存在与发展之德性以及不同职业道德之"根",源于"德"作为未来教育的"本"。

"坤厚载物,德合无疆。"恩德里小学的学校文化,体现在全体师生所信仰的"以德立身、泽己乃人"的做人之道。这些让学生懂得"以德立身""用心感恩"是做人的最根本原则,能够珍惜身边的一切,并能为他人带来幸福,创造快乐,是自己最大的幸福。这一教育是最基本的教育,也是最大的教育。

我们深挖文化内涵,以德凝心聚力指引前行。

"恩德"是恩德里小学建校以来的办学追求。作为校长,我对此进行了系统梳理,越发感到要深化学校综合改革,要切实落实立德树人的教育任务,就必须从"德"字上下功夫,深挖德的文化内涵,为学校确立一条更加清晰,更加科学,更加兼具传统底蕴与现代气息的发展道路。

近代国学大师唐文治先生说过,"中国的文化是座大花园,我们只是在墙外徘徊,略窥枝叶而已"。"德"字的本义实为"直视所行之路,遵循本性"引申为"品德、道德"。在这传统文化底蕴的不断追溯中,几年来,我带领老师们逐步确立了恩德文化,并提炼出恩德的两层内涵,第一层为遵循本心,顺乎自然;第二层为厚德载物,养性励行。学校旨在遵循教育规律和生命成长规律,努力调动师生的积极性,努力用好学校资源,努力发展学生的个性品质,让学生的智慧在学校得到最大发展,让教师的专业水平得到更高水平的提升。

为进一步统一思想，学校以"恩德"为引领，重新进行了理念系统的完善与提升。如此，在尊重传统的基础上，学校实现了华丽转身，使办学追求与发展理念具有了新的文化含量与使命。

**二、学校文化建设极大地提升学校的文化品位**

古人云，近朱者赤，近墨者黑。有位哲人也说过，"对学生真正有价值的东西，是他周围的环境"。学校的校容校貌，表现出一个学校整体精神的价值取向，是具有强大引导功能的教育资源。校园文化作为一种环境教育力量，对学生的健康成长有着巨大的影响。校园文化建设的终极目标就在于创建一种氛围，以陶冶学生的情操，构筑健康的人格，全面提高学生素质。因此，要加强校园文化建设，发挥学校师生在校园文化建设中的主体作用，构筑全员共建的校园文化体系。要树立校园文化全员共建意识，学校每个师生员工都要重视、参与校园文化建设。校园文化在学校实现培养目标过程中的重要作用决定着它不是单靠学校内部某一部门努力就能收到应有效果，它与学校各方面工作都有关系。

吉祥物往往能代表一种向上的精神文化。恩德里小学也有自己的吉祥物，他们是一对好朋友，叫作"恩恩"和"德德"。他们的名字合在一起就是我们的校名"恩德"——心怀感恩，涵养美德。

图 1-1 吉祥物"恩恩"和"德德"

（一）恩德里小学吉祥物的内涵

1.恩德里小学，始建于 1964 年，甲辰年（龙年），吉祥物以"龙"为设计原型。

2.学校注重以中国传统文化浸润孩子心灵，吉祥物身穿中国传统服饰，代表了源远流长的历史文化底蕴。吉祥物的脸部由祥云构成，进一步强化吉祥寓意。

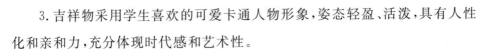

3.吉祥物采用学生喜欢的可爱卡通人物形象,姿态轻盈、活泼,具有人性化和亲和力,充分体现时代感和艺术性。

4.吉祥物为男女童卡通形象,取名"恩恩""德德",彰显了校训"心怀感恩,涵养美德"。

5.上下五千年,龙成了中华民族的象征、中国文化的象征。对每一个炎黄子孙来说,龙的形象是一种符号、一种思绪、一种血肉相连的情感!"龙的子孙""龙的传人"这些称谓,常令我们激动、奋发、自豪。龙,象征着一种精神,是一个民族的图腾,意义非凡。

6.龙文化是中华民族团结合力的精神内涵、是民族文化启蒙教育的思想财富、是塑造少儿公民人格的有效载体,对促进学校多元发展具有重大意义。学校鼓励学生了解中国龙文化的起源发展等方面的基础知识(识龙、论龙、吟龙),掌握一些基本本领(画龙、剪龙、写龙、唱龙、舞龙),增强学生对龙文化的认同感,逐步了解民族文化,领会龙的精神(爱国团结、自强奋进、善美和谐、造福人类)的实质,增强民族自尊心、自信心、自豪感,自觉实践民族精神及其中的思想、道德、价值观和内涵。

(二)龙的精神内涵

1.爱国团结

龙的起源,贯穿了协和万邦的整体意识,体现了中华民族维护祖国统一、民族团结的精神。中华民族的图腾标志,是众多图腾单位合并而来的,曲折地反映了各民族融合的过程,这正贯穿了古代"协和万邦"的整体意识,这与儒家"大一统"思想相辅相成,以共同的图腾崇拜,共同的祭祀活动,在促进国家统一、民族团结起到了积极作用,这就是一种维护祖国统一、民族团结的精神。这正是生长爱国主义传统的土壤。所以中华儿女,不管在天之涯,海之角,一提到龙与龙的文化就能引起共鸣,就是因为大家同根、同种、同是龙的传人,都受到了龙的精神的熏陶。

龙是中华民族大融合的参与者和见证物。当年黄帝发动统一战争,龙是出了大力的，涿鹿之战中，黄帝用雄浑的龙吟威慑敌方，并有一条生有双翅的应龙，为黄帝的事业冲锋陷阵。况且，神话中的黄帝本身就是"黄龙体"，炎帝也是其母感神龙而生的"龙种"，炎黄部落的融合，自然是龙族的融合了。再者，先秦是中华民族的形成期，与此同步，龙的形象也在先秦各代得以长足发展，由杂多而整合，由粗简而趋美。就龙自身来说，也体现了一个"合"字，它不但集合了鱼、鳄、蛇、猪、马、牛等动物，还融合了云、雷电、虹霓、龙卷风等自然天象。正由于上述因素，我们讲龙的精神也就是爱国团结的精神。

2. 自强奋进

龙的威严、龙的神通，寄托了战胜一切的思想，体现了中华民族自尊自信、自强不息的精神。所谓自尊、自重、自强不息的精神，就是维护自己的尊严，尊重自己，并自觉向上，永不停止，追求真理，奋发学习，勇于拼搏，敢为人先，不畏困难，勇往直前的精神。就是提倡人们有如日月经天，刚健有力，永远进击的精神。孔子提倡"朝闻道理，夕死可矣""发愤忘食，乐以忘忧，不知老之将至"，《中庸》一书也强调，"人一能之，己百之；人十能之，己千之。果能此道矣，虽愚必明，虽柔必强"。也是宣传奋发学习，获取真知，自强不息，敢为天下先的精神。我们祖先创造了龙，并赋予龙以无所不能、无所不为的神通，正是体现了上述我们中华民族的精神。所以毛泽东在抗日战争时期，充满信心地宣称："我们中华民族有同自己的敌人血战到底的气概，有在自力更生的基础上光复旧物的决心，有自立于世界民族之林的能力。"

龙是水神，水中行走是龙的拿手好戏；龙又是天神，腾飞云天是龙的看家本领。无论水中行还是天上飞，要行得快，要飞得高，都得昂首扬鬣，瞪目振鳞，把劲聚起来，把神抖起来，奋力开拓，全速前进。因此，我们说龙的精神，也就是自强奋进的精神。

3. 善美和谐

龙惩恶扬善的传说蕴含着爱憎分明的思想，体现了中华民族追求真善美的精神。龙形成的动物和天象，代表着古人心目中的"天"，也就是我们讲的自然界。先民们是将自己对身外世界的畏惧、疑惑、想象、崇拜、依赖等,都贯穿、投注、体现到龙的形象中了。换句话说,龙是人天关系的形象化表述。所以,说龙是古人对天道的理解、对身外众生的敬重,没有错;说龙是人天相通,人和大自然风雨与共、甘苦同行的产物,更没有错。因此,我们说龙的精神,也就是善美和谐的精神。

### 三、学校文化是一所学校综合实力的反映

学校文化建设包括学校物质文化建设、精神文化建设和制度文化建设,校园文化是一所学校综合实力的反映,校园文化的核心竞争力主要表现在文化的凝聚力和创造力,优秀的校园文化能赋予师生独立的人格、独立的精神,激励师生不断反思、不断超越。

#### (一)校长要重点做好别人无法替代的工作——"顶层设计"

在一所学校,校长是有着自己特殊职责的,校长可以履行一名普通教师、普通干部的职责,但是一名普通教师、普通干部却无法履行校长的职责。

#### 1.校长是无可替代的,应该重点做好别人无法替代的工作

有人说教育教学是学校永远的生命线,课堂永远是教育教学的主渠道,所以校长应该重点抓课堂建设;有人说要确保学校运行质量和办学效益只能靠管理,校长应该重点抓管理方略……我认为,"顶层设计"决定着学校的发展战略,所以校长应该把核心职责定位在学校的"顶层设计"上,重点做好别人无法替代的工作。

什么是顶层设计?顶层设计是学校的发展战略,是奋斗愿景,是理想蓝图,是行动路线,要靠校长去谋划、描绘和指引。如办学思想、办学目标和任务、办学宗旨、办学方略、学校精神、校训、校风、学风等,都是顶层设计的重要内容。如果没有这些顶层设计,校长的领导必然是盲目的,也就必然会陷进事务性的圈子里不能自拔,学校的发展也必然是盲目的。

顶层设计的主要特征就是其顶层决定性,核心理念和目标都源自顶层,顶层的工作不可能由中层干部和基层教工来担任。我们常说,校长对学校的

领导首先是教育思想的指导，实际上，校长的教育思想就是通过顶层设计实现的，校长的领导就是依靠顶层设计落实的。学校每一发展阶段的战略构想，都要深思熟虑，整体规划。

校长在工作中要善于抓牛鼻子，抓住了牛鼻子，就抓住了一条牛。顶层设计就是这样的牛鼻子，校长只要抓住了顶层设计，就可以带动每一项工作，就可以带动每一个人。在顶层设计里，每一项工作都会有路径，每一个人都会有位置。就好像一篇文章，校长定好题目，拟出提纲，具体内容就由全校干部教师去书写。

我在学校提出"乐享学习，润泽生命"的理念后，并没有将自己的思想停留在个人理念这个层次，而是以此为指导，尽快制订了学校建设方案，把教育思想变成了学校工作的思路，变成了学校发展的出路。如今，全校师生都在这条路上行走，播撒了很多种子，也收获了很多风景。

2. 做顶层设计要有很深的个人素养做支撑，既需要意识，更需要能力，尤其是顶层思维能力

首先，校长要强化顶层思维意识，那些整天叫苦叫累的校长肯定是缺乏顶层思维意识的，按照他们的思维逻辑，校长抓全面就是抓全部、全部抓，习惯于什么事情都亲力亲为。这样的结果，不仅校长自身辛苦，全校干部教师也会跟着受累。一个只知道干活，不知道思考的校长，工作肯定是缺少计划性和方向感的，这会导致全校的工作都会进入高消耗、低效能状态。因此，校长一定要有登高望远的悟性，养成顶层思维的习惯。

其次，校长要提升顶层思维品质，顶层思维的第一个层次就是理念思维，校长必须要有自己的办学主张和教育理念，否则顶层设计就失去了依据。而且校长的办学主张和教育理念还应具有独创性，这样才有可能形成学校的特色和品牌。一个校长不仅要遵循国家的教育方针和政策，大的方向不能错，同时学校的发展定位、目标还要有学校的鲜明个性，否则影响学校的可持续发展。

当然,校长的办学主张和教育理念也不是闭门造车,拍脑袋出来的,它离不开国家的教育方针政策,更离不开学校的发展实际,既要"接天线",又要"接地气",才能有生命力。顶层思维的第二个层次就是操作思维,校长要善于把自己的思想、理念变成工作思路,形成操作方案,至此,校长的决策才算真正完成了,顶层设计也就成型了。说到底,顶层设计就是校长决策,校长决策就是顶层设计。如果一个校长不懂得顶层设计,又如何有效履行校长的职能?从这个意义上来说,校长的头等大事就是抓顶层设计,修炼"顶上功夫"应该成为校长的自觉行动。

(二)精神风貌是学校文化的核心

1.校风建设

校风建设实际上就是校园精神的塑造,校风作为构成教育环境的独特的因素,体现着一个学校的精神风貌。在校风体现形式上,校风主要表现在校训、校歌、校徽和校旗上。好的校风具有深刻"强制性"的感染力,使不符合环境气氛要求的心理和行为时刻感受到一种无形的压力,使每一位校园人的集体感受日趋巩固和扩展,形成集体成员心理特性最协调的心理相容状态;好的校风具有对学校成员内在动力的激发作用,催人奋进;好的校风对学校成员的心理发展具有保护作用,对不良的心理倾向和行为具有强大的抵御力量,有效地排除各种不良心理和行为的侵蚀和干扰。

2.教风建设

教风是教师在长期教育实践活动中形成的教育教学的特点、作风和风格,是教师道德品质、文化知识水平、教育理论、技能等素质的综合表现。要抓好校风建设首先必须抓好教风建设(包括工作作风建设),因为学校是育人的场所,是人才的摇篮,而教师是人才的培养者,理应在"三育人"(即管理育人、教书育人、服务育人)的过程中发挥主力军的作用,只有在干部职工中树立起实事求是、艰苦奋斗、勤政廉政、团结协作、高效严谨、服务周到、细心耐心的工作作风和在教师中树立起为人师表、教书育人、治学严谨、认真负责、耐心细致、开拓进取的教风，才能引导和促进勤奋学习、积极向上、严谨求实、尊师重教、遵纪守法、举止文明的优良学风的形成。总之，没有良好的工作作风和教风就难以形成良好的学风。

3. 学风建设

学风是指学生集体在学习过程中表现出来的治学态度和方法，是学生在长期学习过程中形成的学习习惯、生活习惯、卫生习惯、行为习惯等方面的表现。优良学风像校风、教风一样，对学校教育教学质量的提高，对学生人格品质的发展和完善，对培养学生成为德、智、体、美、劳全面发展的接班人，都有重要意义。

4. 学校人际关系建设

学校人际关系包括学校领导之间的关系、学校领导与教职工之间的关系、教师之间的关系、教师与学生之间的关系、学生与学生之间的关系。良好的学校人际关系有助于广大师生员工达到密切合作，形成一个团结统一的集体，更好地发挥整体效应。

5. 恩德里小学的精神文化体现

**教育宗旨：**立德树人。

**学校愿景：**建设学生喜欢、家长信任、社会赞誉的学校。

**办学理念：**乐享学习，润泽生命。

**价值追求：**使每个儿童生命更精彩。

**育人文化：**恩德文化，培养小学生心怀感恩的情感和自觉涵养美德的能力。

**校训：**心怀感恩，涵养美德。

**校风：**勤奋、创造、文明、健美。

**教风：**求知、求实、求精、求新。

**学风：**好学、乐学、会学、优学。

**培养目标：**立志向，有梦想，爱学习，爱劳动，爱祖国。

**学校特色**：七彩童年教育，积极、快乐、阳光、感恩、自由、智慧、坚持，就如同彩虹的七个色彩，让学校教育像彩虹的光芒一样，校园的每一个角落都充满积极乐观、自信阳光、自由快乐、勤奋智慧、敢于拼搏、持之以恒的向上的精神和品质。

**教师目标**：德艺双修，以人格魅力和学识魅力感染学生。

**学习精神**：学习，学习，再学习。创新，创新，再创新。

# 第二节　学校制度文化建设

学校制度文化是指党和政府的有关方针、政策、法规、条例以及社会主义道德观念、行为规范等在学校日常工作、学习和生活中具体体现出来的学校管理的独特风格，是学校全体成员共同认可并自觉遵守的行为准则。学校的规章制度是学校办学经验的结晶和反映，它对规范教育教学秩序，达成办学目标起着保障作用。建立、健全学校规章制度，塑造学校制度文化是学校文化建设的一项重要内容。

## 一、学校制度文化的内涵

学校制度文化作为校园文化的内在机制，包括学校传统文化的仪式和规章制度，是维系学校正常秩序必不可少的保障机制，是校园文化建设的保障系统。"没有规矩，不成方圆"，只有建立起完整的规章制度、规范了师生的行为，才有可能建立起良好的校风，才能保证校园各方面工作和活动的开展与落实。但仅有完整的规章制度是远远不够的，还必须有负责将各项规章制度予以执行和落实的组织机构和队伍，因此，还必须加强相应的组织机构建设和队伍建设。也就是说，制度文化建设实际上包括制度建设、组织机构建设和队伍建设三个方面，组织机构建设和队伍建设是确保制度建设落到实处，并使其真正起到规范校园人言行的关键环节，校园文化组织机构的健全和完善，校园文化队伍的勤奋与能干，对正常开展校园文化活动，加强校园文化建设，具有十分重要的、决定性的作用。

学校制度文化建设的重点是建设"以人为本"的民主的、开放的现代学校制度，主要有学校组织架构、学校管理规章制度、学校民主管理制度、学习型组织制度、校本研修制度、考试与评价制度、学校服务社会制度、家长参与制度等。学校制度文化建设的价值取向是优化教育秩序、促进教育公平、提高学校效能。

刚性的制度管理与柔性的文化管理相结合，即依法治校与以德治校相结合。依法治国是我国发展的一项基本国策，把其落实到学校管理，客观上就要求学校必须依法治校。毋庸讳言，现在有学校仍是以"人治"为主。只求利益不讲是非，权力滥用无度，这是建设现代学校管理制度所要坚决摒弃的。宜组建校务委员会，成员由学校党组织代表、学校主要领导、工会代表、教师代表、家长代表、教育主管部门代表等多方参与，学校发展规划、管理章程制度、重大问题等事项，可交由校务委员讨论研究解决，以充分发挥民主，让制度成为规矩，人人遵守。

依法治校就是刚性的制度管理，从严治理，用规章制度去约束人、规范人的行为，使学校秩序井然，学生行为规范统一，养成良好习惯，从而达到管理的目的。习惯养成性格，性格决定命运，严师出高徒就是这个意思。柔性的文化管理，就是以德治校，以正确的舆论引导人，以高尚的精神塑造人，以渊博的知识培养人，以高雅的气质影响人。以人为本，弘扬人文精神，通过尊重人、理解人、关心人、鼓舞人、激励人、教育人的潜移默化的效应，使自觉遵守各种规章制度成为自觉行为和理念。其实，教师工作的原动力在于他们的主观内驱力和精神境界。所以，以德治校的柔性管理就是通过管是为了不管，达到由他律到自律。它使人们在心情舒畅、民主自由、尊重个性的环境中创新和创造,拥有乐业的空间,这才是学校管理的高境界。

无论是制度管理还是文化管理,都应该因地制宜、因校制宜、量入为出、合理运用。事业留人、感情留人、待遇留人,归根到底是人的问题。如何管出实效、管出水平,取决于领导者的办学水平、自身素质及校园文化的建设程度。所以,在管理过程中应该依法治校与以德治校相结合,刚柔并存。既有严格的管理制度,又有适当的感情投资,才能管而不死,较好地调动师生自我管理自我教育的积极性和主动性,完成教育目标,实现教育目的。学校必须进一步加大力度,强化校园文化建设,通过研究学校的制度文化,以制度为底线,使刚性的规章制度与浓郁的人文氛围有机结合,使制度闪耀着人文的光辉,实现高水平的管理和管理水平的最高境界。

**二、"恩小"的学校管理制度**

为进一步提高管理效益,促进学校的可持续发展,办出自己的个性和特色,我们确定了"管理中心下移,领导工作下沉,权力范围下放"的"低重心管理"思路,即实施以年级部主任、组长为核心的年级部管理负责制,大胆开创小学实施扁平化管理之先河,创设了"五会、三部、五中心"的扁平化管理模式,改变了"火车速度快,全靠车头带"的传统金字塔式管理模式,开创了学校管理的新局面。

(一)扁平化管理的各部门负责人确定如下。

1.五会

支委会:戴飞

教代会:杨丽艳

学术委员会:孟庆翔

少代会:杜青

议事会:魏萍

2.三部

低年级级部:主任刁玉英　组长董丹丹

中年级级部:主任杜青　　组长孟庆翔

高年级级部:主任徐梦梅　　组长孔垂杨

3.五中心

学生发展中心:魏萍、杜青

课程发展中心:刘文静、徐梦梅、刁玉英

信息技术中心:杨丽艳、刘文郑

后勤保障中心:杨丽艳、李达

督查评估中心:刁玉英

(二)级部领导机构设置

全校尝试推行低、中、高三个级部,成立级部管理委员会,由一名中层主任和一名年级组长组成,年级组长为级部主任。级部实行集体决策,分工负责,级部主任负责管理级部的整体工作。

(三)级部主任的职责与权利

1.工作职责

(1)在书记和校长的领导下全权负责本级部的各项工作,全面研究分析本级部教师和学生状况,在此基础上确定级部工作的重点,并负责具体工作的落实。建立健全级部正常教育教学工作机制,保证学校工作能够依法、合理、生动、顺利开展,实行规范化的教育管理工作。

(2)听取本级部任课教师的意见和建议,通过交流、访谈、问卷等形式,了解整个级部学生思想动态和学习现状,发现问题及时与相关教师沟通,向负责的中层主任汇报,并采取相应的措施解决问题。

(3)巡视本级部学生在校的纪律和习惯养成情况,发现问题及时与班主任沟通,并采取相应的措施解决问题。

(4)对本级部日常工作中发生的简单事件及时处理并化解,对突发事件及时上报中层主任并及时化解问题。

(5)组织本级部师生的各种评优评先工作。根据学校制定的各项评优评先政策和要求,组织本级部师生认真落实,进一步提高教职工工作的积极性和学生学习的积极性,营造和谐的级部氛围,促进教育教学工作有序有效开展。

(6)深入本级部教师的办公室,检查了解教师办公情况,发现问题及时解决,保证良好的办公纪律和较高的办公效率。负责组内教师办公用品的领取与发放。

(7)积极组织级部内教师参加学校各类大型活动和个人竞赛活动。做好教师参会、升旗仪式、广播操、上下班、护导、看饭等出勤情况的统计和记录工作。

(8)按时向学校汇报本级部的各项工作的开展情况,包括取得的成绩、存在的问题和改进的措施等。

(9)按时召开级部例会,传达和落实学校的各项工作。总结上周成绩和问题,布置下周安排,做好上传下达工作。

(10)按时完成各中心按照学校计划下达的各项工作,接受督查评估中心的监督和检查。

(11)级部主任直接对书记和校长负责。

2.工作权利

(1)在服从学校大政方针的前提下,对本级部工作有领导权、部署权、检查督导权、测评权。

(2)对本级部教师有根据学校的规定实行管理、检查、考核权。

(3)对本级部的学生有教育和管理权。

(4)有要求学校各中心对级部教育教学工作提供保障和服务的权利。

3.享受待遇

级部主任享受组长待遇。

(四)级部的督导

学校成立督查评估中心,由副校长和主任组成。督查评估中心负责对级部开展的各项工作进行督导检查，并及时反馈给级部。

学校管理是一个复杂而又简单的系统。说它复杂，是因为学校教育及管理涉及众多变量和影响因素，是社会复杂系统的一部分。说它简单，是因为学校只需要做一件事——培育和陪伴学生健康成长，这是教育的道德目的。学校文化管理和建设就是要创造能够实现这一目的的舒适的文化环境，让教师和学生有一种紧张而又轻松的教学生活。

我尝试从三方面解决管理复杂化、制度复杂细碎等问题。

1.流程化管理：追求简洁和高效

流程化管理是在管理大师哈默（Michael Hammer）提出的流程再造的基础上发展而来的，其主要的特点是强调以流程为导向的组织模式重组，追求组织的简单化和高效化；强调运用信息工具的重要性，以自动化、电子化来体现信息流，提高效率。在学校文化建设中，流程化管理指学校对教学管理、学生管理、后勤管理、环境建设等重要职能部门的常规工作及其制度规定进行简化，使教职工做事既省时又容易。管理者可组织教师甚至学生参与相关工作流程的制定，画出流程图；并在执行后进行研究和评估，不断加以改进。此外，各项制度的表述应该简练明白，直指核心。如优雅教师的标准就是学识渊博、举止优雅。

2.标准化管理：实现统一和简化

在学校文化制度和行为建设中，标准化管理指对学校重复性事物和工作，通过制定和实施标准达到统一，以获得最佳秩序和最高效率的做法。学校管理者应该了解标准化管理的统一、简化原理。统一原理指确立一组功能等效的共同事务或任务的一致规范，随着时间的推移和条件的改变，旧的统一要由新的统一所代替。简化的实质不是简单化而是精练化，其结果是以少胜多。

3.模版化管理：保障规范和精确

模版化管理指把学校的常规和重复性事务设计成规定格式，拿来就用，节省管理成本。如教师申报课题和结题模版、教研组活动记录模版、说课模版等。此外,难度较大的工作和事务更需要设计和运用模版。

如果学校到处是冷冰冰的流程、标准和模板,那么是否会导致管理的冷漠和僵化? 其实对此大可不必担心。这些是简化管理的必要工具,不影响使用者之间的情感交流。学校在获得管理效率的同时必须靠情感黏合在一起,而运用这些工具也要依靠使用者的智慧。威廉·乌奇(William Ouchi)认为,组织一方面面临的是微妙的人际关系,另一方面又要具有客观性和透明度。只有谨慎地让这两个方面处于均衡状态,组织才可能发挥经济上的有效作用,又可以满足人们情感上的需要。

在日常工作中,还经常运用两种简单实用的图语。

(1)流程图

流程图也称作输入—输出图,即以特定的图形符号加上说明的框图,形象地描述一个工作过程的具体步骤,以便人们直观地跟踪和图解学校管理方式,如沟通流程图、仪器采买流程图、教研活动流程图、课例研究管理流程图等。流程图也可用于设计改进某项工作过程,具体做法是先画出事情应该怎么做,再将其与实际情况进行比较。学校在使用流程图时,需要考虑如下问题:学校管理过程中是否存在某些删掉后能够降低成本或减少时间的环节? 还有其他更有效的方式构造流程吗? 整个过程是否因为过时而需要重新设计? 应当将其完全废弃吗? 流程图需要及时改进和修正。

(2)学校组织结构图

学校组织结构图是指呈现学校职能部门设置及职能规划等基本结构的图形,常见的有直线—职能型、矩阵型等。

附:恩德里小学扁平化治理结构图

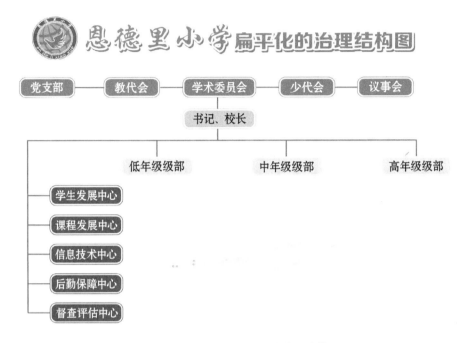

图 1-2　恩德里小学扁平化的治理结构图

因心而育，从德而行。天命恩德，薪火相传。恩德里小学始建于 1964年，现有 21 个教学班，700 名学生，教职员工 49 人。建设现代学校制度是教育现代化的重要内容，也是我国教育现代化发展到新阶段的重要标志。我们认识到现代学校制度是一种适应时代要求的学校制度安排，是一种以学生发展为核心的制度安排，也是一种协调校内和校外关系从全方位影响学生发展的制度安排。学校遵循"问题导向、重心下移、动态管理、文化引领"的思路，建设"淡、问、制"的现代学校制度。淡即淡化权力；问，即问道教师、问道学生、问道社会；制，即扁平制、议事制，为学校的科学管理提供最有效的方向和力量，为师生的健康发展保驾护航。

**三、加强制度建设，促进学校依法办学**

依法办学，是现代学校制度的核心。"法"以立本，在规章制度中，学校章程是立校之本，而制度是贯彻学校章程的重要保障。

（一）依法办学，规范行为

依法办学不仅仅是一种治理模式，更是一种理性精神和文化意识。学校通过校园法治文化建设促进师生对法治理念的认同与自觉维护，为依法办学提供理念支撑、制度保障和文化培养，使法律法规制度内化为师生"心中的法"。学校党支部发挥思想引领作用，带领教师每月学习政策法规，在《教师学习成长册》中撰写心得。同时在"恩德"文化引领下，每年组织教师参加师德师风教育活动，与教师签订"师德承诺书"。一年一度的全校学生、家长参与的"恩德最美教师"评选工作，感动着每一个人，也激励着每一位教师，不仅进一步规范教师的教育教学行为，也提升教师贯彻"立德树人"根本任务的意识和能力。

（二）依章管理，传承发展

学校章程是学校内部治理的"宪法"，是提高学校管理规范性和科学性、凝练办学特色的重要手段，是建立现代学校制度的重要组成部分。本校章程共八章，五十条，将管理体制、教育教学管理、学生、老师、社会等纳入其中，力求在《章程》中体现学校发展的愿景。

一校一章程使学校整体规划与发展方向得以延续发展。2016年和2018年，我校教学副校长和德育副校长分别进行了校际交流，但学校的常规管理并没有因为主管副校长的人事变动而混乱。新班子通过研读《章程》，明晰学校办学思路和办学特色，依托《章程》不仅学校实现了平稳过渡，还屡创佳绩。近年来，学校荣获全国素质教育示范校、全国生命教育先进单位、全国新教育实验优秀实验校以及市级中华优秀传统文化艺术传承学校等荣誉称号。

（三）扁平管理，优化制度

为进一步提高管理效益，促进学校的可持续发展，2018年，学校确定了"管理中心下移、领导工作下沉、权力范围下放"的"低重心管理"思路，创设了"五会、三部、五中心"的扁平化管理模式。各部门不仅是名字的变更，更是理念的升级。扁平化管理的实施，是对传统管理体制的一次重大改革，它创造性地发挥了年级部的团体作用,使学校管理走向精细化、科学化和规范化。

制度是文化的沉淀,文化是制度的精华与升华。我们坚持制度文化是制度的灵魂,成功地引导全体教师以法治思维构建学校的管理体系。在"恩德"文化引领下,学校进一步完善了包括岗位职责、党务行政管理、教育管理等11个部分共265条制度,这些制度的出台,为依法治校、依规治校提供了重要遵循。在法治思维引领下,制度规范着行为,行为形成了习惯,习惯培育着传统,传统积淀了文化,文化又返回来润泽制度。教师将制度变为一种习惯、一种行为,"恩德"文化自然成了一种崇高的信仰、一种内在的力量。

(四)专业咨询,保驾护航

学校与律师事务所签订法律顾问聘任合同,帮助学校完善内部管理机制,规范办学行为,维护师生合法权益,保证校园安全稳定。学校聘请了两位法制副校长,做好法制宣传教育工作。学校针对不同群体开展"学习宪法 尊崇宪法""沐浴法治阳光 创建和谐校园""讲税法 润童心"等法制讲座,有效增强了师生的法律意识。

**四、实施校务公开,推进学校民主管理**

民主是法制发挥力量的源泉。实行民主管理,有效涵养了干部的法治思维,最终固化为现代学校治理常态,培育了师生的民主风貌和法治意识。

(一)科学规范,构建生态

学校充分发挥党组织的政治核心和战斗堡垒作用。党支部积极参与学校重大事项的决策,支持并指导工会、教代会依法开展工作。学校严格落实"三重一大"议事决策制度,进一步促进决策的科学化、民主化和规范化。党支部还把学习贯彻党的十九大精神与党风廉政、师德师风建设相结合,充分利用学校公众号、橱窗布告栏、知识答卷等阵地进行思想宣传,并开展"我爱小家为大家,弘扬共叙正能量"恩德教师讲堂活动,促使习近平新时代中国特色社会主义思想入脑入心,真正落实到教育教学实践中,推动学校现代化发展的进程。

学校构建以"参与、建议、监督"为核心的"121民主监督"机制。"1"是指教师"一周执行校长"、学生"一周执行班长"、家长"一周驻校执行管理"制度；"2"是针对教师、学生、家长和社区，每学年至少开展两次针对性征集建议活动，评选"金点子"；最后一个"1"是指教育议事会。多方联手参与、建议、监督，形成了自由沟通和建言献策的自然成长生态。

(二)尊重教师,主动参与

学校教代会组织的各项制度健全、分工明确，做到落实教代会职能，严格教职工代表大会程序。学校每学期定期召开教代会会议，重大事项和决策，如：推先评优、制度出台、"三重一大"等都及时提交教代会讨论审议。教代会认真做好教师提案工作，对每一项提案认真研究及时答复，使教师的各项权益得到落实。例如班主任反映，放学时有的家长来得晚一些，不知孩子班级是否已经放学。教代会及时反馈后勤保障中心，及时采取措施，给每班定制班牌，放学时立在校门口，哪班已离校就一目了然了。我们坚持对教师意见建议进行认真分析和反馈，截至目前共收到建议68条，采纳率由2016年的97.7%上升到2017、2018两年100%，促进了学校管理水平不断提升。

(三)自主参与,涵养美德

学校少先队大队为学生构建自主管理、充分展示的机会，把握"尊重每一个、发现每一个、发展每一个"的教育目标，充分发挥少先队员在学校中的主体地位。每年少代会，队员上交提案均得到解决，参与率逐年提高，成为学校管理的小主人。平时，小至缔造完美教室活动的个性化班级建设，大到校歌、校卡通形象，以及素质拓展课程的开设，都充分尊重少先队员的意见，注重采纳他们的建议，鼓励学生自治管理。如学校制定的"恩德银行"储蓄活动方案，以《小学生日常行为规范》为指导，"存的是美德，储的是感恩"，渗透立德树人的教育思想，把自己所做的好事在"恩德银行"里以"存钱"(恩德榜样章)的形式进行操作。"恩德榜样章"带着泥土、沾着露珠，更接地气，更具感染力。正是这种平凡而伟大的榜样力量，为学生进步树立鲜明旗帜，为学生发展注入源源动力。

（四）畅通渠道，阳光公开

学校注重通过制度建设维护师生的合法权益，分别制定了教师和学生合法权益申诉制度，设立了校内调解机构，明确了师生申诉回复的时限为三天以内，确保师生申诉的内容得到及时解决。例如，学生反映的饮水水温、午饭菜品种类问题；教师反映的桌椅维修、办公室门锁问题都由专人接待，都在最短的时间内答复解决。为了拓宽诉求反映渠道，学校公示各职能部门联系方式以及区责任督学的联系方式，给予师生充分的申诉空间。公开是最美的阳光，更是信任和民主的基石。作为学校民主管理和监督制约的重要手段，学校坚持党务、校务双公开，除规定保密事项外，做到"360度全方位公开、零距离真实公开、无延迟及时公开"。

**五、整合多方资源，强化社会力量参与**

家校共育问题，一直是教育界特别关注、一线教师特别困惑的问题。关注，是因为家庭教育理念直接影响着学校教育的质量；困惑，则是因为家长对教育问题理解的偏差，常常令学校、令教师无所适从。那么，如何改变这样的状态，有效形成家校教育合力？学校应从共育组织建设、开放教育模式、协同课程构建三个方面，深入研究实践，形成统放有度、协同发展的家校工作氛围，推进师生、家长的成长及学校教育的持续发展。

恩德里小学坚持开放办学，整合一切外部资源服务于学校发展，充分利用好家长资源、社会资源，以积极的心态接受和欢迎社会各种力量有序参与学校办学活动，为学校发展提供更好的环境和空间。变教育旁观者为课程参与者，变被动合作者为课程组织评价者，变家庭教育者为校本课程开发与实施者。家长角色的转变，既推进了学校课程的建设，又进一步促进了学校教育的不断开放，激励着家校共育的热情。家校协同是学校教育长足发展的巨大动力，而统放有度、广拓路径，则是无痕推动家长角色转变、促进家校协同、最终实现学子快速健康成长的有效策略。

（一）凝聚合力，推进开放

学校定期举办家长开放日、家长微课堂，每天及时更新公众号内容，搭建起家校沟通的新媒体桥梁，实现家校同频共振。学校实行"家长督学"，要求到校的家长做到"6个一"（树一个榜样、听一节课、谈一次心、巡一次食堂、查一次安全、提一条建议）。由于事关自己孩子的健康成长，家长观察自然精心细致，所提的问题建议具有针对性，这就有利于学校发现一些日常管理中所存在的问题，不断改进工作，促进学校管理上水平、上台阶。

在现代学校制度建设中，学校升级原有校级家委会，成立"恩小教育议事会"。教育议事会是由社区领导、妇联领导、河西法院法官、家长、教师等组成的议事机构。学校形成了"一主两翼"的学校治理架构。即以"学校发展中心"为主体，教代会侧重于协调学校内部关系，教育议事会侧重协调学校内外部关系，切实完善依法、科学、民主、高效的学校运作机制，使教育议事会真正成为学校相关利益的"平衡器"，学校领导权限的"制衡器"，教育资源的"整合器"和学校发展的"助推器"。教育议事会给社区人士、家长代表等提供了参与学校教育改革的机会，有效调动和整合各方资源，形成学校依法自主办学、社会有序参与、各方合力推进的共同发展格局。

（二）社区共建，携手共育

学校每周提供市民学校活动场地的同时，借助社区提供的"东楼邮局""社区健身中心""越秀路菜市场"等场所，服务社区百姓。五年来，"恩德志愿服务"已成为闪亮的品牌。每学期，全校六个年级全体学生以及家委会成员以班级为单位，穿着印有"恩德志愿者"的马夹，走出课堂，走进社区，融入生活，开展了场馆服务、环境保护、生态文明宣传等多种形式的志愿活动，倾情奉献，感悟人生，为孩子们的成长添上浓重的一笔。

**六、展望提升空间，推进学校发展**

成绩属于过去，随着制度建设深入推进，我们越来越深切地感受到以制度促发展的优越性，同时我们也意识到在制度建设中我们的提升空间是巨大的。

一是深入探索符合学校特色发展的制度体系。学校将进一步立足实际，加强制度体系的顶层设计，构建更加完善的制度体系，将办学理念深入渗透现代学校制度建设中。

二是进一步完善构建新时代家长学校体系。毫无疑问，要办好家长学校，应通过课程专业化建设、提高教学效果、师资队伍专业培训和研究破解家庭教育的难题等措施，依托网络平台来实现终身学习，形成家长教育的最大化效果。

三是进一步巩固和深化教育议事会。展望未来，我们在议事会的蓝图上要关注三个"注重"：一是注重理论研究。教育议事会需要理论研究的深度指导和启示，进而转化为教育实践。二是注重整体规划。共议议事会与教代会、家委会之间的互动融合、利益共享、责任同担的有效策略。三是注重建构机制。议事会成员凭借教育改革的热情与责任感一路走来，使教育议事会能够持续其"生命"，后期学校必须探讨"动力"与"保障"问题。

推进现代学校制度建设是时代之需，而现代学校制度的实践同时也是一个持续发展、不断丰富的过程，任重而道远。我们坚信通过现代学校制度建设的渐进发展，学校必然焕发出新的生机与活力。

# 第三节　学校行为文化建设

在恩德里小学有一种让人感触颇深的文化叫"感恩"，尤其是校园内高高耸立的"感恩"石，一进校门便把你带入一种美好的境地，耳边清晰地听着学生琅琅的读书声，一会儿是慷慨激昂的"少年中国说"，一会儿是"古今诗文佳句"。看着、听着这一切,有一种心灵被净化的感觉,这种感觉促使你不由自主地探寻校园的一个又一个文化窗口。

**一、养成教育让习惯成就未来**

恩德里小学结合"培养学生良好习惯,为其终身受益"的教育思想,在养成教育工作中,做了大量细致入微的工作。学校将"习惯成就未来"作为校本课程融入课堂,其内容细致入微。如学生篇:恩德里小学学生好习惯童谣;低年级学生好习惯培养目标;中年级学生好习惯培养目标;高年级学生好习惯培养目标。这些目标都细化为学生一日生活的方方面面。如在低年级学生好习惯培养目标中我们看到,"学习习惯"从读写姿势要端正到完成作业习惯等习惯;"礼仪习惯"有举止文明、诚实守信、尊重他人、守时惜时、懂得感恩等习惯;"生活习惯"有勤俭节约、遵守秩序、勤于动手等习惯。尤其是"健康习惯"学校新入学的学生有的要从勤洗澡、睡前刷牙、勤换衣服、勤剪指甲等入手教学。

校本课里的"学习篇、文明篇、生活篇、健康篇"内容更是丰富多彩。"教师篇"里的"影响教师一生的100个好习惯""恩德里小学教师好习惯"和"教师好习惯解读"更是引导、规范了教师的工作、学习、生活习惯,这些习惯的养成会为广大师生打下良好的人生基础,使其终身受益。

**二、丰富的校园文化主题活动**

在学校一楼大厅的主题墙上,醒目的"少年强则中国强"几个大字时刻在给予学生一种力量、一种气概和自信。更让人称道的是恩德里小学的全校学生都会吟诵《少年中国说》,就是一年级的学生吟诵起来也是激情满怀。这样的激情绝对不是表演出来的,而是在"恩小"这一书香环境熏陶而成,他们不仅会吟诵《少年中国说》,同时被梁启超的爱国故事所感动,更为梁启超自幼勤奋好学、刻苦钻研的精神所感染。梁启超"八岁学为文""九岁能缀千言",因为他读书时,心无杂念,一心一意沉浸在诵读之中,天天坚持,天天积累知识,他读四书五经,熟读能背。所以他能出口就成诗,出口就成章。学校号召学生向梁启超学习,学习他全身心投入学习,为中华崛起,为实现中国梦,为中国强大,屹立于世界而勤奋好学、全面发展。

为将文化教育落到实处,达到书香育人的目的,在每一层楼的方厅按不同年龄、班级设有不同内容的"开放书架",让学生自由阅读。暑假期间,学校让学生每人选十本自己喜爱的书籍带回家,充实了假期文化生活。

我认为,学生把书带回家,不仅学生看,家长也看。这样的文化知识辐射越广越好。读书立德、读书益智、读书明理、读书导行这是恩小的书香文化。为让书香浸润每个学生的心灵,学校各班内设有班级特色的图书角、主题板报等,孩子们在这样的环境中感受着华夏文明的熏陶,如饮甘饴、如沐春风、茁壮成长。

为提升学生的文化品位,促进学生良好思想道德的形成,恩德里小学每周一到周五早上7∶50播放《感恩歌》,中午播放《感恩的心》,每天早上8点至8∶10全校播放不同的诵读内容,周一:《三字经》,周二:《少年中国说》,周三:《春晓》,周四:《爱莲说》,周五:《悯农》,全校学生集体诵读,每个同学都能流利背诵,参与率100％,并且做到行政护导监督,班主任认真落实。通过这些不同的内容,使学生深深地感受到国学经典带来的精神触动和引领,丰富了文化底蕴,促进了学生行为规范的养成。

### 三、"五个一"活动激其情、导其行

学校以"培育和践行社会主义核心价值观,凝聚正能量同心同德共筑中国梦"为平台,开展了社会主义核心价值观进校园的"五个一"活动。其一,每月一次社区服务。让学生通过社会实践和社区服务活动,初步了解社会,掌握基本的社会实践和社会服务技能,培养学生的社会责任感、使命感、服务和奉献意识。其二,每个月读一本好书。由学校精选一批适合学生阅读的书目推荐给学生和家长,也可由家长和学生自行选择学生感兴趣的书籍,由家长督促学生有计划地阅读,并写出读后感,由家长签名后交到学校,并由学校每月进行评选表彰。每天中午12∶30到1∶30的读书时间极大地激发了学生

读书的乐趣,五年级一班的彭子墨同学说:"从暑假开始到现在,在学校开展的读书活动中,我一共读了16本书,积累了很多的好词佳句,对写作文很有帮助。"现在的"恩小",越来越多的学生徜徉在书的海洋,书已经成为学生们至亲至爱的伙伴。其三,每月一次的生命教育专题讨论。针对当前出现的一些校园刑事案件等现象,暴露出了一些学生心理承受力不强和一些不珍惜生命等社会现象和问题,由学校组织进行案例分析,由班主任组织家长学生互动讨论,培养学生珍惜生命、感恩生命、珍视亲情的正确观念。三年级二班的彦颜家长深有感触地谈道:"通过对生命教育的专题讨论,孩子增强了安全意识,提高了自护自救能力。"广大家长非常认同学校的做法,并表示愿意配合学校遵守各项规定,服从一切安全措施的管理。其四:每天讲一句文明礼貌用语。目的是培养学生从小在日常生活学习中培养良好的文明习惯。每班备有一本监督记录本,由负责同学对不文明礼貌行为进行记载,每周由老师进行汇总点评。每一个学生对文明礼仪要求熟记于心,本着从点滴做起,循序渐进的原则,重点落实体态用语和礼貌用语,深化落实"五尊""五不""五远离"和"新五不"的要求,强化检查和落实,开展评比和竞争,培养学生文明礼貌的习惯;结合重要节日,培养学生懂得感恩、学会回报、热爱集体的主人翁责任感。学校开展的各项主题教育活动也很好地助推了学生良好习惯的养成,使恩小的学生懂规矩、有特点,逐步形成校园内外的礼仪风景线。天津市河西区兼职督学、市评估专家等来访领导一致认为恩小的学生活泼可爱、彬彬有礼。其五,每周帮父母做一件家务劳动。目的是培养学生养成热爱劳动的好习惯和体贴父母的感恩之情。在"家务劳动记录卡"上,由学生将所做的家务进行简单的描述,家长将自己的感受通过文字或照片与班主任及本班同学分享。此外,在暑假期间学校还布置了"培育和践行社会主义核心价值观的暑期活动实践菜单",因内容贴近生活,收到了较好的效果。

**四、多彩活动律动青春**

为深入贯彻社会主义核心价值观,落实习近平总书记"三爱三节"要求,恩德里小学开展了丰富多彩的活动。号召大家身体力行，从我做起，从点滴做起，开展节水省电、爱惜粮食、节约学习用品等活动，践行勤俭节约的美德。学校开展进行了公益"水环保"讲座，促使每一位学生了解水的用途、分类及重要性，并学会了如何鉴别矿泉水和纯净水，提升了学生的环保意识。开展校园淘宝跳蚤市场活动，各个班级变成了淘宝商铺，交换的物品都是孩子们从家自己带来的课外图书、玩具、模型等。活动现场气氛热烈，同学们自主定价、自由交易，既体验了理财的乐趣，也感受到旧物再利用带给人的快乐。

为丰富学生的课余生活，学校开设了《百家讲坛》，请来天津曲艺名家杨铭老师为全校学生进行公益快板培训，培训的内容有《歌颂社会主义核心价值观》《津城美》等。天津快板，不仅是天津传统文化艺术，也是天津的一大文化特色，是由天津时调演变而来。快板的特点是句式灵活，明快、幽默，通篇一韵到底，内容可即兴发挥。就连一年级的学生，都可以小手抓着快板灵活地摆动着，流利地说唱《社会主义核心价值观》，津味十足地熟练地打着快板。

为了让学生的文化视野更加开阔，与社会多方面架起育才、助才成长的桥梁。天津电视台主持人林铁发起、组织了为恩德里小学开展的公益活动，为学校开设围棋、国际象棋、心理辅导课等课程。越秀路社区也为恩小组织了书法、太极拳等活动。学校抓住这一系列受益学生身心的公益活动，在师生中开展"感恩"行动，教育学生人生价值不是索取，而是奉献。"奉献"能铸就生命的辉煌，"感恩"能体味人间最大的快乐。引导学生以爱心引发他人的爱心，以善心牵动别人的善心，以真诚换取他人的真诚。这样从我做起，那么学校、社会、国家就会上下一片和谐，为早日实现中国梦，从现在做起，从身边做起。

恩小人心怀感恩地将爱进行传递，我们开展了"梦成真"行动，为蓟州区小学捐赠图书，并为其建立了图书角，同时与留守儿童进行游戏，走访村民困难户进行慰问。一幅幅画面感动了蓟州师生与民众，恩小师生也为自己的行动而深感自豪与快乐。

"坤厚载物,德合无疆。"恩德里小学的校园文化,体现在全体师生所信仰的"以德立身、泽己乃人"的做人之道。这一切让学生们懂得"以德立身""用心感恩"是一个人做人最根本的原则,能够珍惜身边的一切,并能为他人带来幸福,创造快乐,是自己最大的幸福。这一教育是最基本的教育,也是最大的教育。

# 第四节　学校物质文化建设

学校物质文化建设的重点是充分发挥校园环境的教育功能,主要包括校舍的建设、校园的设计、环境的布置等,用"展示"理念来建设教室文化、办公室文化、实验室文化、图书馆文化、运动场文化等。

校园环境建设对改善校园学习风气,提升老师和学生的精神生活,起到举足轻重的地步。校园环境建设首先是要考虑校园环境文化底蕴,其次要考虑校园地域文化和学校自身的文化,结合当代文化进行有效的利用和开发校园是环境建设的宗旨。

## 一、"恩小"的学校环境设计理念

在学校环境设计中,我倡导简约的理念。简约是指学校物理环境装修和装饰应该追求简约主义原则和风格。学校环境装饰从低到高可以分为三重境界:安全整洁、美观和谐、舒适简约。目前,大多数学校的装修和装饰处于初级水平和环境建设的第一重境界,少数学校做到了第二重境界。学校环境建设出现的问题很多,如装修味道太浓,文化味道不足;审美水平不高,设计有些土气或流于俗气;装饰繁复和反复装修,装饰不能有效传达和体现学校的办学理念;考虑儿童特点不足;负载过多无关信息;图书馆被遗忘等。解决这些问题的办法就是简化,达到简约。

简化还是一种理性消费思想。在被允许的预算经费范围内，学校有意识地使环境装修和建设逐渐走向简约舒适。

（一）主题明确

主题明确指学校物理环境建设永远只有一个主题，那就是学校文化。学校核心价值体系要以物质和装饰形式来传达、落实和表现，成为"有关的表达"而不是"无关的表达"。

（二）景观精当

景观包括学校的自然景观和人文景观。景观精当是指根据学校办学理念和空间大小设计人文景观，人文景观不宜太多，尤其很小的校园不可承载过多信息。占地面积大的学校要合理设计景观分布。

（三）建设"天堂"图书馆

阿根廷著名作家博尔赫斯（Jorge Luis Borges）认为，天堂就应该是一座图书馆的模样。在一些学校中没有图书馆，很多学校的图书馆成为装修时被遗忘的角落。我的理念是把图书馆建设成为学校最"豪华"的地方。其一，无论大小，哪怕只有 50 平方米，也要把图书馆建造成为"天堂"，成为学生最爱去的地方。其二，考虑学生的年龄特点和需求。图书馆设置大片软包区作为学生阅读区，没有放置硬硬的没有靠背的木凳子。这里的地板结实漂亮，学生随意选择读书姿势，或坐或卧或躺，安全舒适放松。其三，综合使用图书馆。即把图书馆的功能综合化，使图书馆成为全校最美的会客室和活动室，成为教师和来访者最喜欢去的地方。

**二、"恩小"的学校现代化建设达标**

2014 年初，恩德里小学迎来创建"天津市实施义务教育学校现代化建设标准评估验收"之机遇，新一届领导班子如沐春风，抓住这一难得的历史性发展机遇，乘势而上，全面提升学校各项工作。

学校在争创现代化学校过程中，区政府、教育局不断加大对我校的投入，配置现代化教育教学设备，领导的支持与厚望为"恩小"人鼓足勇气。2014 暑假,学校开始改建工程,干部教师几乎一个暑假都没有休息,学校从校园环境改造到教学楼文化建设,从硬件建设到软件建设,校园整体面貌焕然一新。在信息化工程建设中,学校接入教育光纤和100M长城光纤,教育、教学设备配置到位,百名学生拥有计算机21台,教师人手一机,每班都配备了多媒体设备。经过一段时间的培训、演练,如今这些设备很好地服务了教育教学工作,提升了学校的现代化水平。按照现代化评估要求,学校逐条落实,在短短的时间内实现了跨越式的发展,使恩德里小学瞬间破茧成蝶,一个风景如画、四季如春的校园展现在世人面前,创造了恩德里小学的历史神话。

2014年9月22日,恩德里小学以高水平顺利通过了天津市实施义务教育学校现代化建设标准专项评估验收。当听到喜讯的那一刻全校上下一片欢腾,建设中的期盼与汗水同时定格在这一时刻,我的心中更是感慨万分:"让恩德里小学普通百姓的孩子能够享受到现代化优质教育,办好人民满意的学校是我们最大的荣幸,我们再苦再累,无论付出多大努力也值得!"

2018年4月28日,学校迎接第三批义务教育学校优化资源配置和信息化专项督导评估。其间,老师们多次加班,严格实验,细化各项环节。各功能教室老师也投入到积极的准备中,早来晚走,仔细核对账卡物,完善教室装备,解决技术问题。针对图书工作,几位老师共同加班,梳理资料,查漏补缺。信息部分,全校老师积极行动起来,上传课时资源,定期开展网上教研活动,实现校本课程数字化。在"恩小"所有教职工的努力下,最终以全区第一的成绩通过督导评估。

2018年9月,学校作为河西区唯一一所小学,迎接了天津市电化教育馆的调研活动,学校创建智慧校园的成果得到一致赞许。学校将代表河西区参加天津市及教育部举办的信息化应用展示交流活动,展示学校智慧校园成果,并在天津市信息大会上做发言。学校荣获天津市教育技术先进集体称号,成为河西区唯一获得此殊荣的单位。

现在,学校现有音乐、美术、科学、信息技术四间专用教室,其中信息技术与语音共用一间教室，美术与书法共用一间教室。学校另设有科学储藏室、绮墨画美术工作室、STEM 教室、校园电视台。

学校图书馆藏书总量为 18307 册，生均藏书 30.11 册。另有学生阅览室一间，称为"最美绘本馆"，该馆装修温馨活泼，契合少儿的审美及生理发展特点，极大地吸引儿童，促使其置身于绘本的海洋，激发对阅读的喜爱，养成良好的阅读习惯。图书馆、阅览室均实行全天候开放借阅，图书系统管理实行信息化，学生借书实现刷卡借阅。同时，学校配置 24 小时自助借还书设备（图书漂流柜），通过 RFID 无线射频识别、自动化、云计算、移动应用等多项国际领先技术，重点突出了"读者自主管理、自助使用"的特点，打造了一个具备颠覆性概念的"智慧型自助图书馆"。

作为全国新教育优秀实验校，学校秉承"书香润泽生命，读书改变人生"的理念，营造浓厚的书香氛围。学校楼内设三个书吧，每间教室配备图书角。学生随时随地浸润在书的海洋中，我们时常看到三五成群的学生聚在一起共读，形成一道最美的风景。两个校外书吧的建立，不仅便于学生、家长阅读，而且带动了社区居民读书的热情，营造了浓厚的书香社会氛围。

学校配置多媒体设备 26 套，建立局域网，实现 Wi-Fi 全覆盖。学校台式机共 126 台，每百名学生拥有 21 台。

基于对未来创新人才培养的思考，学校把智慧校园建设作为提升品质教育的切入点，将"恩德"文化与"互联网＋教育"及未来时代变革中一切优秀教育理念和先进技术手段相融合，通过设计打造具有智能化、课程化、人性化、开放性、审美性、生态性特征的未来学习空间，对课程资源、教学组织、学习方式等要素进行重构，构建起"3 网 1 号 2 系统"[3 网：有线校园网、无线网、物联网。1 号：微信号。2 系统：津校园 App（手机软件）和校园 App。]，拓宽"智慧校园"的外延与内涵，努力让每一位学生享受高品质教育。

智慧教育视野下的课程教学，需要更加关注学生在学习过程中的主动探究、动手实践、深层思考、意义构建和创新创造。在智慧学校的建设中，借鉴已有的课堂教学变革的技术应用实例,甚至是在课程教学中创造出新的技术应用形式,都将成为智慧学校建设过程中推动学与教方式深层变革实践的应有之义。

科学教师经过"3D虚拟现实"技术培训后,在课堂上运用AR技术,从月球上观看地球,促使课堂突破时间,地点,经济条件等的限制,大大提高了课堂效率和趣味性。同时,学校充分利用物联网技术,进行智能种植研究。学生借助传感器反馈的空气、土壤的数据分析,实现对植物远程浇水、补光、通风等监护。通过物联网种植课程的学习,学生们学习了一些基本农业技术,学到了标本制作等植物艺术,更重要的是学生将知识与实践结合,充分提升在未来世界中自身应具备的核心素养。

STEM教育(科学、技术、工程和教学教育的总称)提倡个性化和创造力的发展,同时也特别提倡学科之间的整合和融合,它可以锻炼学生的思维能力,保证其可持续性发展。我们聘请北京师范大学博士给教师培训,购置《桥梁的设计》《制作喂鸟器》等课程的实验材料和教材,组建了STEM课程实验团队,一起协同合作、学习研究、积极实践。近两年,学校教师还自己研发了《风能》《桥梁的承重》《电池的原理》《制作水族箱》《我的彩虹瓶》等课程。

2018年3月21日,学校成功召开了的"彰显创新,乐享STEM"首届智慧校园展示活动,作品展示、教师论坛、音乐快板、专家讲座以及四位教师的STEM课程都充分展现了学校一年多的实践探索及成果。

学校将STEM课程纳入正式课时计划中,所有年级每周开设一节STEM课,每学期开展三四个项目,如一年级开设了《会跳舞的胶囊》《认识空气》《多彩手工皂》《农夫的水果乐园》项目,四年级开展《莫尔斯电码课程》《磁悬浮初探》《电子互动纸艺术》项目……STEM课程切实促进了学生学习方式的转变,学生学会以类似科学研究的方式主动获取知识并综合运用知识解决实际问题,提高了学生的学习力、思辨力、合作力、探素力、创造力。

智慧学校的学校管理将同样被技术重塑。智慧校园环境的"感知"能力和基于"互联网＋物联网"的广泛互联，将多种管理要素结合到一起进行综合分析，为学校管理者提供学校运行与管理中的智能预测、预警和咨询建议，确保学校管理决策的精准性和科学性。

学校在教室里安装了空气质量、噪音、温度监控等传感器，可全天候采集教室内的温度、湿度、PM2.5、甲醛含量等数据，并传输至学校网络数据中心的服务器，再经过对数据的科学分析，为学校管理者提供有价值的决策参考信息。例如，夏天天气炎热，学校里的每间教室都会长时间开空调，导致室内温度偏低。学校的湿度监控传感器会将每间教室的室温直观汇聚，并由管理人员提醒相关班级及时调节教室内的空调温度，以免学生从室外大汗淋漓地进入教室后，身体无法立刻适应温度的突然变化而受凉感冒，或因空气质量不好而引起身体不适。冬季白天监控到个别班空气质量稍差，管理员立即提醒通风，进而提升空气质量。另外学校统一设定晚7点到8点定时消毒，一年多来，学生生病人数减少大约30％。

津校园App则方便记录学生的研学旅行、志愿服务、考察探究、职业体验等活动，学校率先在全市实现了"过程性数据收集与分析"以及基于"课程化设计"的综合实践活动内容，加强了学校、家庭、社会的共同参与，更好地促进学生高品质发展。例如"恩德志愿活动"是学校的特色活动。每学期我们都要组织全校性质的"恩德志愿活动"。全校六个年级、630余名学生穿着印有"恩德志愿者"的马夹、高举"恩德志愿活动"的队旗，走进社会开展志愿服务。借助津校园App的平台，将学生们的社会实践活动记录下来，从而促进家校共育的推进。

同时，校园App将移动办公、成长足迹、在线修习等纳入数字化管理。我们利用"在线选课功能"，发布三十多门素拓课程，让学生自愿选择，其中STEM课程在十几秒钟之内就被一抢而光。另外，校园App构建起"全程、全员、全方位"的学生综合评价体系，学校开发了"恩德里小学数字化学生成长册评价系统"，包括"品德诚信素质报告""学业水平发展报告""体质健康素养

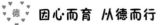

报告"和"艺术科技素养报告"。每学期收集学生参加"亲子共读""亲子共游"和"恩德志愿服务"的资料以及学生自评、教师评价多方面反馈,以及家长上传到平台的获奖证书、照片等,均纳入评价范畴,综合分析给出最终的评价结果,全面对学生准确评价、科学分析、大数据预测以及个性化支持提供强劲的数据基础。优化资源育硕果,人机共生谱华章。一个真正以人为本的信息时代,应该是一个"人机共生"的时代。新时代,召唤新作为,我们将努力筑造一个人机共生、人机共教的新家园。

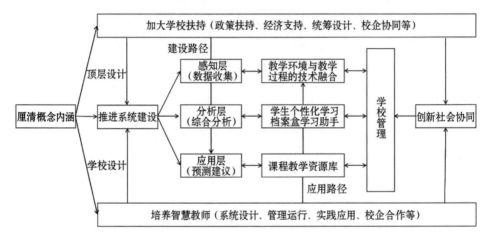

图 1-3 恩德里小学智慧学校建设实践的路径

学校还引入了智能手环项目,通过内置的 3D 加速度传感器,采集学生的运动步数、运动量、计算消耗的卡路里量、运动距离、运动速度、运动时间、心率值等,准确呈现学生身体发展情况,进而形成大数据,为教师调整运动量提供了科学依据。

附：

# 2016—2020 年恩德里小学发展规划

## 一、学校发展背景

### (一)学校发展基本情况概述

河西区恩德里小学始建于 1964 年,是一所拥有 50 年建校历史的普通公办学校。历届领导班子带领广大教职工在平稳中求发展,在发展中求奋进,脚踏实地、开拓进取,培育出了一批又一批德才兼备的莘莘学子。学校先后被评为全国"和谐德育"课题先进实验校、天津市行为规范示范校、义务教育示范学校、交通安全教育达标校等三十多项称号。学校建筑面积 3465 平方米,占地面积 4800 平方米,现有教职工 34 人,学生 362 名,11 个教学班。

### (二)近几年学校办学的主要成绩和经验

1.端正的办学思想引领学校内涵发展。学校坚持走"立德树人"的内涵发展之路,校名恩德里的含义即为"心怀感恩、涵养美德",通过组织"感恩故事演讲赛""感恩主题班队会"等一系列活动,促使每一位学生明白其内涵,见之于行动。在管理中我们从强化全体教职工的责任服务意识入手,不断强化凸显"教育就是服务"的思想,使办学理念人人皆知,并将之转化为教职工的一种自觉行为,从而立足本岗,倾情奉献。近年来,学校教育教学质量不断提升,赢得了社会各界的广泛认可。

2.办学行为规范化。教师职工代表大会制度健全,学校管理民主化;校务公开制度健全,学校管理透明化;层级管理制度健全,学校管理开放化;家校联系制度健全,学校管理公开化;大事、难事、急事"首遇制",学校管理人性化。

3.队伍建设廉政化。以校为家,同舟共济,与时俱进,拼搏奉献。

4.科研培训一体化。以铸造"师魂"为根本,以锤炼"师能"为关键,在"提升"二字上下功夫。通过"研训一体化"的教师培训机制,促进了学校教师队伍的不断优化。

5.学校管理开放化。通过"快乐三点半"素质拓展活动、恩德志愿服务、教学开放日活动,请家长走进校园,了解、理解、支持学校和教师工作;公布学校电话,建立校讯通平台、教育资源得以整合,教育合力得以形成,学校发展走向和谐。

(三)学校目前存在的主要问题与思考

1.学校管理工作的激励性有待加强

随着学校的不断发展,应进一步完善各项管理制度和奖惩机制,为学校规范管理、科学管理奠定基础,确保针对性、实效性和长效性。

2.教师队伍建设的整体性有待提高

如何更加关注教师的身心愉悦发展,尽快缩短差距、由点到面打造一支有内涵的高素质教师队伍,推出一大批有知名度、有影响的"名优特"教师迫在眉睫。

3.加强特色学校建设,加快学校发展

在原有基础上进一步加强特色校建设,将行为习惯养成与书香校园建设相融合,用书香浸润学生心灵,进而达到知行统一,实现阅读滋润童年,读书改变人生的愿景。

4.研训一体化的主动性有待落实

"十二五"期间,进一步推进研训一体化机制,在专家的引领和同伴的互助下,提高教师的教学理论素养和教学实践能力。目前在教师中还存在着一定的倦怠思想。如何由学校、专家引领转化为教师自主参与、实践,是今后推动我校教师专业化发展的关键。

5.课程体系建设有待完善

学校课程建设过程是对学校课程蓝图的勾勒与践行过程,是学校整体发展与形成特色的核心,也是学校的一种常态生活和思考方式,全方位地反映着学校的办学思想。如何让学生协调发展、个性发展、全面发展，学校还应进行深入地研究，采取更有针对性的措施。

**二、未来五年学校发展目标与定位**

(一)指导思想

全面贯彻党的教育方针，根据"河西区教育事业发展十三五规划"的精神，以"深化改革、开拓创新、扩大开放、提速发展"为动力，以人为本，求真务实，全心全意团结、依靠、服务好广大师生，促进素质教育的深入实施；以打造优质师资为抓手，切实提高教育质量和办学效益，积极构建浓郁的文化校园，大力推进教育均衡优质发展，努力办好人民满意的教育，为实现恩德里小学品质发展作出应有的贡献。

(二)文化目标

**办学理念**：乐享学习，润泽生命。

**价值追求**：使每个儿童生命更精彩。

**校　　训**：心怀感恩，涵养美德。

**培养目标**：立志向，有梦想，爱学习，爱劳动，爱祖国。

**办学愿景**：建设学生喜欢、家长信任、社会赞誉的学校。

**学校特色**：七彩童年教育。

**教师目标**：德艺双修，以人格魅力和学识魅力感染学生。

**学习精神**：学习，学习，再学习。创新，创新，再创新。

(三)总体思路

1.总体设想

五年内学校分三步走：上规模—创特色—塑品牌。

我们将努力创建"校园环境优美，管理科学规范，教风学风严谨，教学手段优化，氛围积极向上"的特色学校。

2.加强校园文化建设

加强校园物质文化、精神文化和制度文化建设，以学校三风建设为重点，使学校成为环境优美的花园、健康活泼的乐园、书香飘溢的学园。

3.建立推行教育教学管理模式

逐步总结、推行教育模式、教学模式、管理模式。

4.加强八项建设

加强学校领导班子建设;加强学校规范化管理建设;加强学校制度建设;加强师资队伍建设;加强课程体系建设;加强校园文化建设;加强智慧校园建设;加强学校安全建设。

(四)具体工作设想

1.高起点改善办学条件

办学条件是创建现代化学校、实现高质量教育的物质基础。力争在现有条件下,借助第三轮现代化,通过上级投入和自身努力,从校园环境、设备、软件三个方面改善办学条件,优化育人环境。

(1)下大力气加强教育教学基本设施建设,如提升改造专用教室等,满足教育发展要求。

(2)加强信息化建设,形成智慧校园。

(3)加强学校档案室的管理和建设,学生资料、教师档案逐步实现数字化管理。

(4)学校每学期都要投入一定经费购置图书,力争超出市要求。最大限度发挥学校图书馆、书吧、班级图书角的功用,浓郁书香氛围。

(5)逐步改善教师办公环境。

(6)加强校园的环境建设,做到净化、绿化、美化、亮化。

2.高标准加强班子建设

(1)实行班子学习制度。实行班子每周例会制和每月学习汇报制度,使班子成员思想一致,与时俱进,在思想觉悟上和在工作上都能始终能走在教师前列,保证班子的先进性。

(2)实行学校中层干部考核制度。及时考核,积极评价,并注重后备干部的培养和骨干教师的培养，培养一批爱岗敬业、善于思考、精于管理、想做事、能做事、做实事的掌握现代化技术的各类管理人才。

（3）发挥党总支的战斗堡垒作用，坚持党总支活动规范有序。做好对后备干部、入党积极分子的培养工作，严格按照标准发展党员。

**3.高要求建设师资队伍**

努力建设一支师德高尚、业务精湛、结构优化、充满活力的教师队伍，适应学校现代化教育发展的需要。

（1）充实教师队伍，调整教师结构。学校紧缺专职教师，五年内要引进音乐、美术、科学、信息等专职教师，不断优化教师结构。

（2）制定切实可行的骨干教师培训计划，在名师工程建设上有所成绩，力争五年内培养3～6名市级学科带头人、希望之星、教坛新秀。

（3）加强教师现代化教育理论学习意识的培养，转变教育观念，正确树立现代教育的世界观、人生观和价值观，进一步完善教师继续学习制度。

（4）加强人事制度改革。积极做好教师参与人事制度改革过程中的思想工作和心理疏导，引入竞争机制。

（5）加强教师的师德教育，教师要做到为人师表、教书育人、敬业爱生，要求教师要树立为学生服务的思想，定期进行多种形式的师德师风交流活动，严禁体罚或变相体罚学生现象存在。

**4.高责任强化常规管理**

根据学校不断发展的态势，及时制定和调整学校的各项规章制度，坚持依法治校。

（1）树立正确的管理思想，实行"以人为本、以德治校、依法治校、文化引领"的管理理念，把全心全意依靠教职工、调动教职工的积极性作为学校管理的出发点和落脚点，营造内和外顺、干事创新的工作氛围，不断增强学校的凝聚力。

（2）建章立制，进一步完善各项规章制度。对各种管理制度进行适时完善,以不断适应教育发展的要求。坚持科学民主管理,落实层级管理目标,建立健全各项管理规章制度,实行校务公开,充分发挥党支部、工会、教代会及家长委员会参与学校管理工作的积极性和监督作用,推进依法治校的民主进程,有效促进学校各项常规管理工作。

(3)明确职责,加强层级管理。坚持将学校管理重心下移,实施学校扁平化管理,使各管理层面都有明确的职责目标,做到有职有权,各司其职。

(4)形成良性激励机制。从强化内部管理做起,运用现代管理理念,实行岗位能上能下、待遇能高能低的竞争管理机制,深入实行校长负责制、教师聘任制,实现教师队伍的优化组合,增强广大教师的竞争意识和责任意识,最大限度地发挥管理的潜能。

(5)重视做好教职工的思想工作。坚持实事求是和针对性教育原则,对教职工"管理上要严格,生活上要关心",重视做好教职工的思想政治工作,通过经常性的政治学习、思想教育,不断提高教职工的思想素质,使发展和创建工作得到全体教职工的理解、支持和积极参与。

5.高效率提升教育教学质量

(1)优化德育工作,提高育人实效

全面实施素质教育,必须坚持以人为本,德育为先。学校要全面加强和改进学生的思想道德建设,增强德育工作的吸引力和感染力。一要以德育部、少先队为龙头,做到组织领导系统化、管理民主法制化、目标层次化、内容系列化、渠道网络化、活动制度化、考评科学化。二要把社会主义核心价值观教育和学生常规教育作为德育工作的重点,同时要加强心理健康教育,完善"心理健康咨询室",开展心理疏导工作,进一步提高学生的心理素质。三要充分发挥学校教育主渠道、课堂教育主阵地的作用,强化学生的道德实践,使社会主义核心价值观内化为学生的道德追求和自觉行为。四要进一步健全德育工作管理机制,建立班主任建设管理模式,着力抓好班主任队伍建设,加大班主任工作培训力度,把班主任工作经历和业绩作为职称评聘的重要条件。五要以营造书香校园、培育知书达礼学子为重点，打造学校德育工作特色。六要探索学校、家庭、社会三者之间的互动机制，整合各种有效的教育资源，形成整体育人合力。

（2）深化课程改革，提高教学质量

教学是学校工作的中心，质量是学校的生命。五年内要在课程体系建设、教学管理、高效教学、减负增效等方面有若干突破。一是大力更新教学观念。要全面实施素质教育，必须转变教育观念，改革教学方法，坚持骨干引领、改善教学手段，革新教育模式。二是构建起基于校情、学情，较为科学、完善的课程体系。能够集课程整合与教育创新之大成，它的顶层设计，最终能指向学生的核心素养，让学生享受有品质的教育。三是教学质量要有大的突破。我们要以课程改革为重点，本着"夯实基础，凸显个性，因材施教，分层要求，发展智力，培养能力"的原则，经过五年的努力，在教学质量上有进一步的提高。

（3）加强教育科研，打造学校特色

学校将不断完善科研制度，充实科研力量。要进一步发挥学校教研组的作用，完善考核奖励办法，激励教师自觉主动参与教科研活动。学校一定想方设法为教师创造条件，搭建舞台，聘请专家定期到学校指导工作，不断提高教师教研意识和实际水平。通过科研促教，提高学校办学质量，提升教师的教学能力，使教师成为"科研型"学者。

（4）搭建多彩社团，彰显学生个性

学校将拓展思路，充分发挥社区志愿者及教师的作用，开展丰富多彩的活动。同时加大对体育、舞蹈、美术、科学等的投入，使其在市区各项竞赛中的成绩逐年提高。

6.高水平做好后勤服务

（1）牢固树立服务思想，充分认识到"后勤即服务"，把师生、家长的合理需求作为开展工作的出发点和归宿点，紧密配合学校开展的各项活动，切实做好总务后勤工作,为学校的教育、教学工作提供强有力的后勤保障。

(2)确立精细化意识,进一步规范和细化后勤管理的各项规章制度。要加强校园管理,经常性巡视校园,及时发现问题并解决问题,创造洁净、安全的育人环境。

(3)进一步规范财务管理制度,把好经费开支关,严格采购、审批、验收、入库、报销制度。加强校物、校产的日常维护与管理,做到物尽其用。

(4)要进一步健全门卫制度和教师护导制度,外来人员来校要进行登记。

(5)切实加强安全防范工作,积极建设"平安校园"。要把学校安全工作摆到重要位置,坚持"安全第一,预防为主"的方针,做到"人防与技防"相结合,积极建立学校安全防范机制,落实各项安全措施,确保规划期内无重大安全事故发生。

我们希望在全校教职员工的共同努力下,恩德里小学历经未来五年的锤炼,能成为"管理科学规范,质量不断提升,文化气息浓郁,全面和谐发展"的在全市具有一定鲜明特色的教育现代化的品质学校。

# 第二章
## 以人为本，立德树人

2018 年，习近平总书记在全国教育大会上指出，要把立德树人融入思想道德教育、文化知识教育、社会实践教育各环节，贯穿基础教育、职业教育、高等教育各领域，学科体系、教学体系、教材体系、管理体系要围绕这个目标来设计，教师要围绕这个目标来教，学生要围绕这个目标来学。凡是不利于实现这个目标的做法都要坚决改过来。坚决克服唯分数、唯升学、唯文凭、唯论文、唯帽子的顽瘴痼疾，从根本上解决教育评价指挥棒问题。

坚持党对教育事业的全面领导，必须坚持把立德树人作为根本任务，坚持优先发展教育事业，坚持社会主义办学方向，坚持扎根中国大地办教育，坚持以人民为中心发展教育，坚持深化教育改革创新，坚持把服务中华民族伟大复兴作为教育的重要使命，坚持把教师队伍建设作为基础工作。

## 第一节　课程涵养美德，用心彰显品质

课程是学校最重要的核心竞争力，是一所学校区别其他学校师生能力与水平的最有力证物。一所学校如果没有科学的课程体系、合理的课程设置、适当的课程内容，那么，校园再美丽，制度再规范，也只是空中楼阁。

学校改革,如同徒手攀岩,课程就是岩石上的一个个着力点。只有融合、创设适合学生未来发展的课程,才能踏上课程改革的着力点,攀上学校品质发展的光明峰。课程因学生而"生",教师因课程而"长"。

**一、以课程体系构建为杠杆,撬动整个学校的发展**

核心素养是学生终身发展力的基石,课程体系是核心素养呈现的载体。工厂出品的是产品,学校的产品就是课程。正值恩德里小学建校 50 周年之际,我带领全体教师好好地静下心来回首、梳理了学校 50 年的发展历程,紧扣学校发展主线,提出了"乐享学习 润泽生命"的办学理念。

基于学生核心素养发展,我们将"恩·德"文化融入教育,从而树立了"无处不课程,无事不课程,无时不课程"的大课程观,全体教师开始踏上了课程改革的征程,"课程"成为学校三年来发展的关键词和教学工作的重心。

深知课程是有思想的,它决定了课程改革的方向,决定了学生发展的方向。所有教材都是省市统一编写的,但各校的学生情况是不一样的。因此,学校课程就要有区别,甚至实施校本化重构,目的就是要最大化符合每个学生的个性需要。于是,我们打破原有的课程间的壁垒,有效整合国家课程,补充相应的校本课程,开发课程资源,拓展课程领域,完善课程结构,构建了5+n有品质的课程体系。

以"以生为本,学无边界"为课程理念,以"让每一个学生成为基础扎实,能力突出,品德高尚,个性鲜明,具有中国灵魂、世界眼光的小公民"为课程目标,5+n 课程体系的 5 指所有的国家课程和地方课程,根据学科属性、学习规律及学习方式,整合为五大领域,即"语文与生活""数学与科学""外语与文化""艺术与审美""体育与健康"。

n指恩德里小学特有的校本课程,其中有八大系列必修课程,即"生命教育""养成教育""传统文化""人际交往""研学旅行""家校共育""翰墨书香"以及"STEM";选修课程,即素质拓展课程,包含艺术类(13 门)、体育类(8 门)、科技类(5 门)、文学类(3 门)、心理类(3 门)五类 32 门课程。

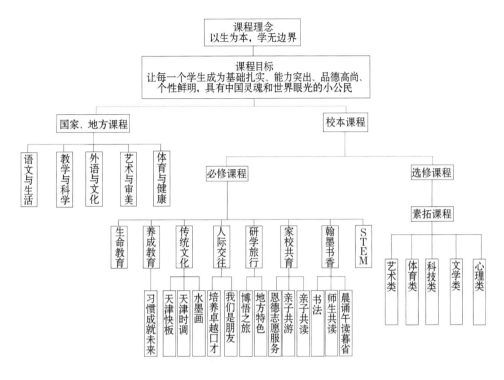

图 2-1 恩德里小学课程体系示意图

这套适合恩德里小学校情、较为科学完善的小学教育课程体系，集课程整合与教育创新之大成，它的顶层设计，最终指向的是学生核心素养和未来发展。

（一）"顶层设计"

顶层设计是为教育实践服务的，有了相对理想的设计后就要即刻行动，也只有课程落地后的实践，才能为课程改革的修补、完善提供最真实、直接的讯息，保证顶层设计的"精准落地"。

事实上，校本课程与国家基础性课程哪个占据更大的权重，我心里非常清楚。基础性课程的课时远远大于校本课程和拓展性课程，而转变课堂教学模式,通过国家课程的主渠道才是重中之重。

一种标准编所有的教材、一种模式框所有的老师、一种思维套所有的孩子、一根尺子量所有的学生、一种价值观罩所有家长——利用课程改革,解决课程存在的这些问题,是一种勇气!而打破传统模式,谈何容易?

而我们是纯粹的"行动派"。2014年,学校就开始探索自主学习、合作探究的教学模式,从教学过程活动化、学习内容合作化、差异发展个体化、解决问题探究化等方式进行课堂教学的创新和课程体系的融合。依据校情,我们有针对性地提出高效课堂的"五个一",即一次会心的微笑、一次得意的发现、一次精彩的展示、一次巧妙的生成、一次真实的感动。我们高度关注常态课,听推门课,加强巡课力度,切实提高教师高效教学的常态状况。同时,开展人人献优课活动。由于目标明确,靶向性强,教师收获颇多。

针对课堂教学中的问题,学校积极邀请语文、数学、英语、科任教研员分批次来校,深入教师们的课堂,为他们释疑解惑。在专家引领下,教师的学习热情被充分调动,进一步更新了教学理念。课堂上,教师活力与学生活力、学生活力与学生活力之间高度适合而形成良好的结构被不断挖掘,从而展现出健康的生态面貌。

(二)课程改革

课程改革每个学校都可以做,但当中的精彩之处"跨界、贯通",可能就不是人人可为了。通过对国家基础课程学科知识的延伸、重组和整合,恩德里小学对课程有了自己的校本化表达,发出了自己的声音,形成了课改、教改的生动气象。

以往,国家课程占压倒性地位,国家课程的内容规定非常详细,评价方式也单一,课时总数占据一周课时的绝大多数。久而久之,无论是学校管理者,还是教师,都理所当然地淡化了课程的观念,从而在学校教学文化中"小课程,大教学"的意识普遍存在,大家都注重研究如何上好40分钟的课,校内外教研也聚焦于此,千校一面。在各类课改交流会议上,一些所谓课改名校更注重宣传自己的教学模式。至于课程设计,依然是以课程标准和考试标准为马首是瞻。

长期的考试文化，使得课程出现了"主科"和"副科"的现象，这对于培养学生全面发展的教育目标是极大的伤害。一些被师生定义的"副科"，如科学、美术等，恰恰是公民素养的极其重要的内容。考试追求标准答案，使得学校的一些教学情况出现扭曲，与创新能力培养背道而驰。

恩德里小学课程改革基于学生的核心素养，实施的路径注重校本化、个性化、生活化、多样化、特色化，让学校功能实现广度与深度的立体延伸，成为学生们爱学、乐学、会学的乐园。

在实际教学中，我们发现不同的课程版本内容，有不少重复、交叉，学科之间内容缺乏横向联系，学生接受的知识往往是碎片式的、零散的，缺少统整，与学生既有的经验难以衔接。

为此，学校开展了对课程整合的研究。青年教师接受新鲜事物的能力强，他们的积极性被充分调动起来。向书本学习、向有一定经验的学校学习、向网络学习，每周定时研讨。在一次次的争论激辩中，教师们更加明确了课程整合的原则与目标：以学生的发展为中心，让学生站在课程的正中央；以培养学生的核心素养为指向，努力培养一流的综合性人才。

学校大胆进行了"五个穿越"的实践研究，即"穿越"教材边界、学科边界、学校边界、学区（区域）边界、社会（生活）边界，达到课程特色突出、日益完善。

在总课时不变的情况下，学校进行了初步探索，把课时调整为大小课和长短课，长课60分钟，用于开展综合实践课、写作课、实验课、主题活动课等，中课40分钟，用于语文、数学、英语等课程，短课15分钟或者是10分钟，用于每天的诵读、写字、习惯培养等课程。素质拓展课程，每次安排60分钟，老师组织学生更积极、主动地参与学习活动，学生们在多彩的课程设置中，提高涵养，提升核心素养。

学校确定了"全员走班式两级五类素拓提升课程"的整体思路。全员，就是让在校的每一个学生都能够自主参与其中。走班式，就是打破班级和年级的界限，让学生走到课程班级里去学习。两级，指校级和年级两个层面。

（三）丰富课程选择

一所优秀的学校，能够提供丰富的选择。只有教育的供给侧实现丰富多元、可选择，才是对学生和人民群众需求的最大尊重，良好的教育生态才能够真正实现绿色、协调、可持续，改革的成果才真正能够让人民群众乐于分享，而不是"被分享"。

"供给侧改革"就是从供给、生产端入手，通过解放生产力，提升竞争力促进经济发展。

教育本身就是供给侧，教育是人才的供给，教育资源的配置、教育环境的打造，以及能提供什么样的教育方式，也同样是供给侧的问题。

以往，很多学校为了响应课改，迅速开展了一系列课程。但是有些印在宣传册上，有些进了档案馆，还有的只是针对基础教育的不断重复。

一所优秀的学校，能够提供丰富的选择。着眼于这样一种追求，恩德里小学让课堂有了更多选择、更灵活。恩德里小学的校本课程以本校学生生活经验为基础，以学生兴趣爱好为中心，以尊重学生自主选择为主旨，最大限度地满足了不同特长、不同兴趣、不同层次学生的发展需要。

1. 生命教育进课堂

每个生命都是大自然的奇迹，对生命的发现、挖掘、探索是教育的永恒主题。学校开设了《新生命教育》课程，引导和帮助学生更好地认识生命现象，掌握生命知识，习得生存技能，提高生活能力，感悟生命的意义，实现生命的价值。

---

**《生命教育》课程问卷反馈（一年级）**

同学们，本学期我们课表内增添了一门新的课程《生命教育》。通过学习，同学们对生命一定有了新的认识和感悟，下面就让我们通过问答的形式汇报我们的所得。

1. 本学期，你学习了哪些内容？给你印象最深的是（　　　　　　）

2. 爸爸妈妈有事外出，你和好友玩捉迷藏的游戏，以下的做法对吗？对的画笑脸，不对的画哭脸。

---

爬上阳台　　　　躲在窗帘后　　　　藏在洗衣机里
（　　　　）　　　　（　　　　）　　　　（　　　　）

3.这些动物可以当宠物养吗？对的打"√"，错的打"×"。

大熊猫（　　　　）　　　　　金丝猴（　　　　）

小型犬（　　　　）　　　　　扬子鳄（　　　　）

4.根据内容画表情，赞同的画笑脸，不同意的画哭脸。

(1)边走边看书　　　（　　　）

(2)追正在开的汽车（　　　）

(3)牵着妈妈的手在绿灯的情况下过马路（　　　）

5.判断，同意哪一项就在后面打"√"，不同意的画"×"。

(1)上下楼，靠右走；转弯处，减速走。（　　　）

(2)教室里，轻轻走；走廊里，慢慢走。（　　　）

(3)上下楼梯有秩序，不滑栏杆不拥挤。（　　　）

6.通过学习，你觉得这门课程对你的帮助大吗？如果你觉得很有帮助，就为自己画一个笑脸或者大拇指。（　　　）

### 《新生命教育》课程问卷反馈

四年＿＿＿班　姓名＿＿＿＿＿＿

同学们，本学期我们课表内增添了一门新的课程《新生命教育》。通过学习，同学们对生命一定有了新的认识和感悟，下面就让我们通过问答的形式汇报我们的所得。

1.本学期你学习了哪些内容？给你印象最深的是（　　　）

2.当你一个人在家时，有人来敲门说自己是检修煤气的，你会怎么办呢？（　　　）

A.直接开门　　　　　B.说大人不在家，改日再来

C.从猫眼里看一下她的外貌，如果不像坏人就让他进来

3. 当你一个人在家时,如果陌生人坚持让你开门,你应该怎样做?（　　）

A. 不理他　　　　　　　　B. 立即拨打电话给父母或110

C. 立即给他开门

4. 参加大型公众活动时,你会（　　）

A. 去人流密集的地方　　　B. 挤到人群的中间或靠前的位置

C. 遵守秩序,避免拥挤

5. 若果有同学叫你和他一起到野外河塘中游泳,你会怎样做?（　　）

A. 坚决不去,并劝同学也不要去　B. 在保证安全的前提下,一起去

C. 先去河边看看情况,再做决定

6. 在生活中,垃圾投放应注意什么。（多选,用"√"表示）

(1)纸类应尽量叠放整齐,避免揉团。（　　）

(2)瓶罐类物品应可能将容器内产品用尽后,清理干净再投放。（　　）

(3)厨余垃圾应做到袋装、密闭投放。（　　）

7. 小虎做什么事都是三分钟热度,学过游泳、练过打羽毛球等,可是每一项都学不长。妈妈说:"你总是三天打鱼两天晒网!"小虎自己也很迷茫,长大后自己能干什么呢? 你能给小虎一些建议吗?

例如在《交通安全我最棒》一课的学习中,教师首先出示图片:小虎和姐姐准备过马路,小虎建议走近道,不走斑马线,直接过马路。学生仔细观察后,教师追问:"小虎的想法可行吗? 为什么?"以这样的现实情境,让学生在争辩中懂得要安全行走,远离马路危险。再通过认一认,画一画,读一读,演一演等方式,使学生在具体氛围中思考、感悟、收获。

在《新生命教育》课程中,学生通过自我测评、互动体验、走进生活、拓展延伸、牵牵大手等系列活动,了解校园安全、自我自护、环境保护、生命的诞生等方面的生命知识,从而为获得生命技能奠定基础。

学校通过开展生命教育，使学生在玩中学，在做中学，在悟中学，在教中学，以生命课程为主导，辅以其他课程的教学和教育活动，使学生树立起努力增长自己的自然生命、社会生命和精神生命的意识，坚定地确立"让有限的生命实现最大的价值，让每个生命成为最好的自己"的目标。

2.STEM 课程拓展学生思维

STEM 是科学、技术、工程、数学四门学科的简称，生活中发生的大多数问题需要应用多种学科的知识来共同解决，跨学科、与真实世界相联系、让学生理解科学原理、了解科学与技术的差别、用好数字化工具、教与学的关系发生变化，是 STEM 课程和传统课程的区别。

STEM 教育提倡个性化和创造力的发展，同时也特别提倡学科之间的整合和融合，它可以锻炼学生的思维能力，保证其将来的可持续性发展。

恩德里小学 2016 年投入资金，建设了 STEM 专用教室，组建了 STEM 课程实验小组，全体数学、科学、音乐、信息技术教师形成团队，一起协同合作，学习研究、积极实践 STEM 教育理念和教育方式，并聘请北京师范大学、上海 STEM 课程策划小组的专家来校为教师们进行培训。

从扎染艺术到水晶玫瑰、彩虹瓶、神奇的肥皂、星球的位置、自己制作饮料等课程中，都能看到学生们欣喜的表情，探究的热情。STEM 课程团队的教师开发了如风能、美丽的城堡、桥梁的设计、桥梁的承重、电池的原理及制作水族箱等课程。他们精心挑选、设计符合学生年龄特点的课程，让学生在快乐、活跃的氛围中，通过亲身体验、操作，来理解更深奥的科学道理。一路走来，我们惊喜地看到，STEM 教育为学生提供了接近真实、富有现实意义的学习情境，更利于学生高阶思维与积极情感的投入，解决复杂问题，从而全面提升学生核心素养。

（四）多元课堂促进三位一体教育

育人无墙，处处课堂。教育要有境界，立足的是学生的童年，放眼的是学生、家庭和社会的未来。从这个意义上说，校本课程，不只在课堂。

恩德里小学校园内有很多综合实践课程等待学生们来参与,在校园外,学生们也可以行走、观察、体验、学习。多元的校本课程、多元的兴趣选择、多元的成长路径。正因为"多元",才使学生的自由选择成为可能。在学校内部,"多元"是学校注重资源建设的累积性结果;在学校外部,"多元"是学校主动与社区、社会和国内外学校积极互动的结果。这也有助于形成家庭、学校、社会进入教育的三位一体构架。

未来公民不仅需要扎实的基础知识,更需要广博的视野,灵动的创新精神,丰富的实践能力,多元的人文情怀,善于合作、阳光自信的品格行为以及可持续的学习能力……这就需要教育要向深层次发展,绝不是停留在学校中、课本上的教育,它需要丰富的教育资源和学习形式做支撑。

1.博物馆课成"日常必修"

"你知道从学校到自然博物馆有几条线路?你能找出距离最短的线路吗?"

"选择一种昆虫作为观察对象,并了解他们的生活习性。"

"你能通过哪些方式发豆芽?"

……

别惊讶,这可不是专家学者们的研究课题,而是恩德里小学"博悟之旅"课程体系中的"日常必修"。

博物馆是人类智慧的集合,专业性、直观性和趣味性是教科书、学校教师所无法呈现的。天津市河西区有很多优质资源,恩德里小学便利用博物馆这一极佳的社会资源,以主题任务单为形式,开展饶有趣味的主题学习活动。学生们以记录、绘画、作文、摄影、海报等生动的形式记录他们在博物馆中的收获。每个学生的学习状况都将收录在自己的《博悟之旅》成长册中。这本手册将完整记录学生六年中在社会大课堂的足迹。这一课程的开发与应用促使学生点燃兴趣的火把,从而在主动探索中,提升综合素养。

语文教师邵宇萌说,为了上好博物馆课程,教师们早早准备,到博物馆调研，并学习相关专业知识。大家分低、中、高三个年级段来进行课程设计，密切联系教材，找准契合点，最终确立活动方案和预案。二年级下册的语文教材中有《恐龙的灭绝》这篇课文，所以在带学生去博物馆之前，便由语文教师为学生介绍恐龙的基本知识，很多学生事先主动翻阅了相关资料，了解了恐龙的灭绝过程，学习兴趣特别浓厚。有的学生像小老师一样给同学们介绍他了解的恐龙种类。最后，教师和学生商定好去现场学习的任务，带着问题去学习，同学们的学习积极性更高了，每天都追着问："老师，我们什么时候去博物馆学习呢？"

博物馆内资源丰富，教师通过图片和视频是无法呈现给学生的。到了现场课的时候，每个学生都拿着属于自己年级的学习任务单，例如"蝴蝶一生分为几个阶段""昆虫有什么特征""翼龙有没有羽毛"等，学生们意识到，这不同于以往走马观花地去参观博物馆，而是要带着任务去学习和探索。走进博物馆，同学们被分去不同的场馆，开始自己的"博悟之旅"。

五年级一个女生在蝴蝶馆观察时，一只小蝴蝶悄悄地飞到了她的手上。她睁大了双眼，屏住了呼吸，生怕惊扰了这只可爱的小蝴蝶，并仔细观察蝴蝶身上的每一个细节。她小心翼翼的样子和平时那个粗心活跃的她判若两人。低年级学生选择的是恐龙馆，为了写出任务单上恐龙的名称，几个同学合作共同查找答案，每当找到一个，他们都高兴得跳了起来。

回到学校，在老师的组织下，同学们把自己的所学所得以情景剧、手抄报、剪纸等不同的形式进行了总结和回顾。五年级一班几个女生自己动手制作头饰，写剧本，编话剧，这就是博物馆学习带来的无穷乐趣。

在课程总结反馈阶段，一封封家长信让我们看到了家长们对博物馆课程给予的肯定和支持。六年级一班杨曦妈妈说，孩子回到家后不停地给我讲恐龙化石和各种动物，原来珊瑚是一种动物，我跟着孩子也长了见识。三年级二班许玉的家长说："平时孩子很沉默，不爱讲话，从博物馆回来后很兴奋，一直说个不停。虽然这不是孩子第一次去博物馆，但这次是最开心的，收获也多。"

博物馆课程,成了课堂的延伸,课程的载体,学习的场域,探究的空间。课本中相对枯燥的文字与博物馆课程巧妙结合后,学生对学科知识有了更生动的体验,更加乐于与同伴在合作学习中分享探究学习的愉悦,真正让学生思考"是什么,为什么,该怎样做"。

为了让课程教学更好地与学生发展核心素养衔接,让每个孩子的智慧实现"无限可能",学校一直致力于新课程体系的研发规划。作为已渐成系统的"博悟之旅"课程体系,凝聚了全校众多学科老师的心血。我们就着眼于"研学旅行"课程体系的规划,这是一项知识庞杂、规模宏大的工程。学科的甄选、内容的设计、知识点的衔接等,从初步构思到最后确定,我们历经了无数次的讨论和修改。

中华人民共和国教育部等11个部门发布关于推进中小学生研学旅行的意见,恩德里小学将研学旅行做成了蕴含核心素养提升的"大文章"。每个学期,满载着师生的十几辆大巴车分别奔赴自然博物馆、人民公园、杨柳青版画博物馆、静园、十八街麻花文化馆等12个场所,全校六个年级的学生带上图文并茂的学习单、分工明确的任务表、内容翔实的讲解词,亲身参与实践,开展研学旅行,获得知识。社会是学生的教科书,让世界成为学生的书本。学校每周组织学生外出参加活动,学生回校后上课时精神状态非常好。

2.家校共育课程

学生参与课堂,家长参与办学,老师参与管理,既是权利的高扬,又是一种价值的生长"场"。"家校共育课程"的研发,吹响课改创新集结号。"恩德亲子志愿服务""亲子共游""亲子共读",恩德里小学开展两年有余的"家校共育课程",带领全体师生、所有父母一起向前奔跑。

当课程成为学校的"核心事件"之后,管理的杠杆就一下子撬动了学校工作的方方面面,教师动起来了,学生动起来了,就连家长也动起来了。

全校六个年级、539名学生在为期一个多月的时间里,走出课堂,走进社会,融入生活,开展了公益服务、环境保护、感恩教育等多种形式的"恩德志愿"活动,为孩子们的成长添上浓重的一笔。学生们走进困难家庭、儿童福利院、老人院、社区居民之家、社区课外活动基地、社区健身中心等,倾情奉献,感悟人生。六年级二班的邹添翼走进天津红太阳老人院,陪伴那里的老人度过了愉快的一天后说:"作为一名少先队员,我们应该关爱老人,尽自己的所能为他们送去欢笑。"这个暑假,他又自觉深入到河西图书馆整理杂志,帮助视障读者找车站。恩德志愿服务已成为恩小人的自觉与责任。

在"亲子共游"中,学生由家长带领,走进杨柳青木版年画纪念馆、泥人张美术馆、十八街麻花文化博物馆、元明清天妃宫遗址博物馆等,深切感受中国非物质文化遗产的魅力。四年级一班王虹家长感慨地说:"'家校共育课程'使孩子有了充足的时间拓宽视野,了解自然,完善自身,感悟人生,家长也跟着受益。"

在"亲子共读"中,学校向家长、学生推荐了适合各年级阅读的书目,倡导家长与孩子制定出学期共读计划,并逐步在班级和学校两个层面开展"家庭好书推荐会"和"亲子共读交流会"。学期末,邀请全校学生及家长,召开"书香中的蒲公英"读书阶段总结会。一路走来,人们惊喜地发现,亲子共读使许多家庭有了共同的语言,共同的生活密码。

"家校共育课程"更是促进了家校共建,融洽了家庭关系,培养了学生坚忍的意志、敢于担当的责任和对美好生活的向往,培育了学生的核心素养。

(五)课程评价

1.全方位评价

转变评价观念,将学生自我发展素养和表现作为重要的评价内容纳入学校教育教学管理的体系中。包括基础性课程中学生品质、学习毅力、学习方法的评估、拓展性课程学习中自主发展意识、自我管理和规划、批判思维能力、问题解决与创新等方面的全方位评价。

2.全过程评价

(1)过程性评价

过程性评价采取目标与过程并重的价值取向,与过程相互整合。例如"研学旅行"课程。每学期,提前筹划、设计,载着师生奔赴各个研学地点。通过引领学生走进自己喜欢的研学场所,使他们能身体力行的感知知识,实践能力。为了使评价能掷地有声,我们结合研学旅行的课程性质,设计制作《研学之旅成长册》。学生们会以记录、绘画、作文、摄影、海报等生动的形式记录他们在场馆中的收获。每个孩子的前期准备资料、任务单、成果的资料等都将收录在自己的《研学之旅成长册》中。

(2)反馈性评价

反馈性的评价是前行的动力。"家校共育课程"让课堂走进家庭,在爸爸妈妈的眼中,我们的孩子也在成长,因此我们把评价的主动权交给了学生、家长和社会。通过反馈性评价的桥梁,"家校共育课程"将促进家校共建,融洽家庭关系,培养学生坚忍的意志、敢于担当的责任和对美好生活的向往,培育学生的核心素养。

(3)活动性评价

在活动中评价,即评价制度化,制度活动化。在尊重学生差异的前提下,为了给学生提供更广阔的展示自己才能的机会和舞台,让每一个学生都有适合自己发展的空间。学校将借助主题节的舞台,为实施课程评价提供别样的平台。

(4)全员性评价

面对评价,教师和学生都是承担的主体。教师作为评价者也扮演着多重角色:组织者、管理者、指导者、填写者、评价者、审核者,因此教师和学生要明确在评价中的职责和定位。因为角色多重,因此在评价中,教师也会全情投入,学生则全体参与,参与全部评价,作为评价一个分支,家长的评价则成为学生成长的助推者。

校园内有很多综合实践课程等待学生们来参与，在校园外，学生们也可以行走、观察、体验、学习。多元的校本课程、多元的兴趣选择、多元的成长路径，正因为"多元"，才使学生的自由选择成为可能。校内，"多元"是学校注重资源建设的累积性结果；校外，"多元"是学校主动与社区、社会和国内外学校积极互动的结果。这也有助于形成家庭、学校、社会进入教育的三位一体构架。

(六)课程资源开发和利用

1. 因地制宜

教师的课程资源意识，是影响教师课程资源开发与利用的重要因素。学校通过组织教师开展学情和课程资源开发研讨会，不断强化教师的课程资源意识。假期中教师们来到自然博物馆参观，馆里多种恐龙骨架、各类各色蝴蝶标本、丰富的鸟类动物的标本等深深吸引了教师，因为教师有强烈的课程开发利用意识，立刻就想到一年级《有趣的动物》和二年级《飞向蓝天的恐龙》等课文的教学工作，教师把教材和博物馆里丰富的教学资源结合起来，为本班学生设计了博物馆课程的任务单，这种教学方式有效地提高了学生的自主学习能力，产生了巨大的成效。

2. 多方途径

(1)开展社区环境调查，了解社区资源状况。社区环境包括自然和人文环境，自然环境如水土、气候、植被等，人文环境如工农业生产、交通、文化遗产、社区经济生活、社区政治生活、社区文化生活等。通过对自然和人文环境的调查和了解，可以收集和挖掘丰富的课程资源。

(2)关注生活，从生活中找资源。关注学生的实际生活，充分挖掘和利用符合学生年龄特点和能力水平的研究课题，是开发课程资源的重要途径与方法。引导学生从生活实际出发，善于发现和提出问题。从自然现象到社会生活，从身边小事到国家大事，从现实世界到历史和未来，都是综合实践活动重要的课程资源。

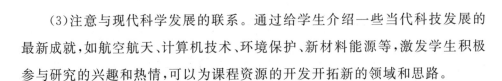

（3）注意与现代科学发展的联系。通过给学生介绍一些当代科技发展的最新成就，如航空航天、计算机技术、环境保护、新材料能源等，激发学生积极参与研究的兴趣和热情，可以为课程资源的开发开拓新的领域和思路。

（4）充分利用学校多媒体网络、图书馆、实验室、音乐教室、绘本馆专用教室等课程资源，为我校多色课程奠定基础，同时也为课程资源的开发和重组提供条件。

3.拓展资源

学校一方面积极与社区、公益组织积极联系，另一方面开发家长资源，聘请了他们为学生开设了太极拳、剪纸、书法等课程，著名曲艺表演家杨铭先生、武当名家希然、时调艺术家刘迎等优秀师资的加入，为学校课程的深度发展奠定了基础。

整整三年，河西区恩德里小学，这所普通的小学，在破解课程改革的难题中前行，在获取成功中攀登。

面对所有学生，我们做到了，成功破解了小学生"真空时段"的难题，使"减负令"落到实处；

我们做到了，每个学生都会打快板，每个学生至少会唱四段快板，每个班都有自编、自创、充满浓厚生活气息的快板节目，孩子们在家庭中俨然是小小艺术家；

我们做到了，每天坚持晨诵、午读、暮省课程，为学生形成良好生活习惯奠定了基础；

我们做到了，每名学生每年至少承担六次志愿者服务，在学生的心田播撒下了关心他人、善待他人的种子……

成绩好、负担轻，培养的学生获得上一级学校和社会的认可。越来越多的家长、学生选择这所学校，"看上"这个学区片。

改革，惟其艰难，更显勇毅。做教育人，就该有一颗能静能动的心，静时如莲，暗自芬芳；动时如火，暖彻心房。河西区恩德里小学以课程体系构建为杠杆，持续变革课程理念，扩展课程能力，升华课程境界，构建起学校课程的"新景观"，撬动了整个学校的发展。将课程根植于实践之中，透过它为学生搭建起成长的舞台，让每一个孩子都能在舞台中央炫舞。

**二、课程体系在实践中丰盈，促进师生共同成长**

2017年10月31日上午，河西区恩德里小学召开了第一届"课程涵养美德"课程建设年会，总结了学校三年来的探索与实践。

天津市河西区教育局副局长吴晓红评价道：构建首善教育生态体系，让学生享受有品质教育是河西教育"十三五"规划中提出的发展愿景。为落实好这一目标，恩德里小学超前思考、大胆创新，将"恩·德"文化融入教育，将课程建设作为发展学生核心素养、享受有品质教育的重要载体，树立了"无处不课程、无事不课程、无时不课程"的大课程观，用三级互补、共生共融的无边界课程引领学生健康主动、富有个性的发展。

恩德里小学的课程体系建设是在实践中丰盈起来的，这也让我们看到实践是课程最美的语言。因为实践，让"恩小"的学生站在了课程的最中央；因为实践，让课程体系在螺旋式上升中不断得以完善；更因为实践，助推了学校内涵发展，促进了教师专业成长。

课程体系建设是一个不断深入、不断探索、不断优化的过程。我们相信着力发展学生核心素养的课程体系建设，必将让"恩小"学生的社会责任感、创新精神和实践能力得到提升，必将成为"恩小"教师专业发展的不竭动力，必将进一步促进"恩小"特色发展，向有品质的教育不断迈进。

天津师范大学教授康万栋认为，课程是学校教育的心脏，精品课程是学校教育品质的重要保障。恩德里小学以发展学生核心素养为根本目标，将"恩·德"文化融入教育，确立了"以生为本，学无边界"的课程理念，从学校的客观实际出发，深化课程改革，探索课程整合，构建了既体现国家意志，又彰显学校特色的课程体系，为提升学校教育品质奠定了坚实的基础。期望恩德里小学不断完善学校课程体系，科学实施课程体系，为推进小学课程改革，发展学生核心素养创造鲜活的经验。

天津市教育科学院基础教育研究所原所长邢真评价道,课程在立德树人的教育过程中发挥着核心作用,深化学校教育改革必须抓好学校课程体系建设。恩德里小学以学校特色文化为指导,以促进本校学生健康成长为目标,在梳理和优化学校多年改革经验基础上,构建较为完善的整体性学校课程体系,为进一步提升小学生核心素养奠定了坚实的基础。

在年会教师论坛板块中,几位教师饱含深情地谈了自己几年来与课程共成长的故事。

## STEM 课程故事
### 数学兼 STEM 课程教师 胡俊佳

提起 STEM 课程,首先要说说 STEM 是科学、技术、工程、数学四门学科的简称,是一门跨学科的综合性课程。

自从开展 STEM 课程以来,从扎染到水晶玫瑰、彩虹瓶、神奇的肥皂、星球的位置,自己制作饮料等课程中,都能看到学生开心的样子和探究的身影。学校教师还自己创设了,如桥梁的设计、桥梁的承重、电池的原理及制作水族箱等课程。

给我感触最深的是扎染那一课。一上课,我一只手托着一块洁白的手帕,另一只手捧一头洋葱走进教室。同学们的兴趣一下子被激发了。我介绍了扎染的方法后,同学们就迫不及待地用麻绳扎出自己喜欢的样子。

我准备好两个锅和两个电磁炉,把五个紫洋葱头放到一个锅里,四个黄洋葱头放入另一个锅里,开始煮洋葱。同学们把自己扎好的手帕轻轻地放入锅里。洁白的手帕瞬间被染成不同的颜色。同学们睁大了眼睛看着,唯恐自己的手帕会找不到了。时间一分一秒地过去,我把学生的手帕从洋葱水中捞出时,他们目不转睛地盯着,盼望着奇迹的出现。当我们一起把捆手帕的绳子剪掉时,同学们都惊呆了,片刻后教室里一片沸腾,同学们不由自主地跑过来抱着我说："胡老师，您真厉害！"大家的欢呼声加上煮洋葱飘出来的香气吸引了不少其他班的同学。有的同学惊讶地说："你们在做什么好吃的呀？好香啊。"有的对色彩斑斓、图形各异的作品赞叹不已。他们把我围了起来，用期盼的眼神说："老师我下个学期可不可以报STEM课程呢，我想学做这个，这个课太好玩了。"让我印象最深刻的是彦颜同学她本来是合唱组的，第一次来到我这组，我劝她回到原来的组活动，可是她说什么都不肯走并对我说："老师我不想去别的活动组了，你就让我在STEM组吧。"看着她夺眶而出的眼泪，我忍不住答应了一个渴望求知探索的学生。本学期我们每周开设两次STEM课程，在网上选课过程中，STEM课程竟然在10分钟内就被一抢而光。

一路走来，我们惊喜地看到，STEM教育为学生提供了贴近生活、富有现实意义的学习情境，更利于学生高阶思维与积极情感的投入，解决复杂问题，从而全面提升学生核心素养。

## 养成教育课程故事

语文兼养成教育课程教师 孔垂杨

说到笔谈啊，我确实感触颇深。因为笔谈是教师打开学生心灵之窗的钥匙，是教育成功的秘诀之一。

下面就和大家分享一段笔谈经历。

我所带的班上有名叫小范的男生，几乎天天违反纪律。在与他频繁的接触中，我发现他的自尊心很强，对"请家长"十分反感，同学们的帮教更是适得其反。针对他的个性特点，我决定尝试和他笔谈。

很快，我就收到了他的第一封来信，他在信中这样说道：

孔老师：

您好！

第一次与您笔谈，我很兴奋，也有些紧张，因为我从来没有跟老师这样交流过。

上课时我爱说话，管不住手和嘴。下课，我又总和同学发生冲突，大家都疏远我，躲着我，不愿意和我玩，他们讨厌我，说我给班里扣了很多分。问您一个幼稚的问题：如果我继续闯祸，您是不是会让我退学？

看到小范愿意和我说心里话，我觉得教育的时机到了，我第一时间给他回信。

小范同学：

你好！

收到你的来信我真高兴，谢谢你愿意把心里话告诉我。

12岁，代表你长大了，意味着自觉性增强了，你要学会自己管住自己。

咱们一起想一想：如果大家不喜欢你，不想帮助你，大家会同意把第一排那么好的座位让给你吗？同学都是关心你的，我也愿意和你做朋友！做和你心灵沟通的大哥哥！

几天后，小范怀着激动的心情给我回信，他在信中这样说道：

孔老师：

您好！

今天的语文课您表扬了我古诗背诵很熟练，您当着全班的面表扬了我。第一次有老师肯定我，是您的回信赋予了我力量和勇气，是您改变了我，让我敢于在那么多人面前展示自己。是老师，是同学，是集体。感谢六年一班还有孔老师！大家都是我的好朋友。

之后，我们继续坚持了一个月的笔谈，小范发生了变化！

笔谈还在继续。它让师生相互沟通、相互理解、相互关心、相互尊重，也架起了我和学生之间爱的桥梁，这种爱从心灵生发出来，也直抵心灵的深处。

## 科学课程故事

科学课程教师 刘畅

作为科学老师也想说说学生在科学课上发生的故事。

2017 年是一年级首次开设科学课。让我记忆特别深刻的是，第一次给学生上课时，我问："同学们，你们知道这节是什么课吗？"好多同学都摇脑袋。我一边在黑板上写下"科学"两字一边告诉他们，这节是科学……没等我把话还没说完，一个男生立刻就站起来热情地跟我打招呼："科老师好！"其他同学听了都一窝蜂地跟着问候："科老师好，科老师好！"

我一听都忍不住笑了。他们太可爱了！我笑着跟他们解释："同学们，我是你们的科学课老师，刘老师。"在我简单介绍了科学课之后，同学们你一言我一语地说："可以做实验啦！""我能和小动物们玩。""可以研究小草、小花啦！"就这样，同学们带着对科学课的这股新鲜劲开始了科学课的学习。

上《我们知道的植物》一课时，我带着几盆盆栽和绿豆苗来到教室，同学们一看就来了兴趣。我便顺势鼓励他们种一棵自己的植物。

果然，下节课同学们就带来了他们种植的大蒜、香葱、火龙果苗等。不仅仅是学生，家长也对科学课热情高涨，大家在微信朋友圈分享感想。可见科学不仅走进了课堂，更走进了每个家庭。

在此基础上，我带同学们一起用眼睛看，用手摸，用鼻子闻。于是就有了《观察一棵植物》《观察叶》这两幅作品。这是同学们用自己收集的叶子做叶画。他们那专注的神情和投入的状态令人高兴。

从开学到现在短短一个月的时间，我在一年级学生身上看到了这样的变化。从一开始不知科学课为何物到他们在楼道里看到我时 经常会扬起他们的小脑袋问："刘老师，下节是科学课吗？""刘老师，下节科学课要带什么东西？"一年级的同学们还常常捧着他们种的绿豆苗、小蒜苗来给我看呢。

最后与大家分享一件让我印象深刻的小事。一天下班走出校门时正好遇见我的一位学生,他远远看到我就扬起小手跟我打招呼:"刘老师好!"然后他对站在旁边的奶奶说:"奶奶,她就是我科学课的刘老师。她教我们种香蒜、小番茄、秋葵,还教我们搭建机器人!"奶奶听了孩子的话,非常朴实地跟我说了句:"谢谢老师。"我当时心里真是既感动又幸福。

我想每位老师都有这样的感觉,学生和家长真心的认可比什么奖励都值得骄傲和自豪!

## 师生共读课程

语文兼师生共读课程教师 洪春燕

艺术魅力无限大,文字的力量也是无穷的。

我的共读课程有三个小妙招:个人自主读书、班级内部共读和家庭亲子共读。

其实在最初开设共读课程的时候我也没有太多经验,只是下发家长信,推荐必读书目和请学生做好读书笔记。我们按照书目自行阅读,分享感受,记录心得。

后来我发现,小孩子对于绘画类的书籍比较感兴趣,因此在最初的共读中我是从绘本开始的。为此着实下了一番功夫。决定读绘本并没有贸然行事,而是在选择恰当的时机,因为我想第一次尝试便让学生爱上这种阅读。

时间流逝,终于等到了机会。一天,班里有些浮躁,早晨就有同学迟到、课间追跑打逗的现象严重,导致上课的效率下降。我抓住这一机会,并没有对他们进行批评教育,而是耐心地说:"既然大家都这么兴奋了,那我们放松一下行吗? 老师前几天看到一本特别有意思的书,想跟你们分享一下,好吗?"同学们一听来了兴趣。我打开电脑,点开事先准备好的课件,同学们看见这新奇的读书方式也来了兴趣,纷纷催我快一点。第一次的绘本阅读开始了:"今天的故事叫《大卫,上学去》……"我读完之后,大家展开了热烈的讨论,纷纷说着大卫的种种不是,我趁机说:"我们的身边有没有大卫呢?"有的同学立马附和,有的则低下了头。"同学们今天的表现怎么样?""你觉得你是一个合格的小学生吗?"一串的问题,问得他们纷纷低下了头。我看到教育的目的达到了,就接着说:"好了,大卫们,抬起头来!怎么做聪明的你早就知道了对不对?""对啊!对啊!"同学们大声地说。第一次阅读结束后,同学们将这节课明白的道理写成了读后感,有的还进行了二次创作。我们班级的第一本作品就这样诞生了。

读书的热情没有消退,共读课程开展的一年我们读了四十多本绘本,也正因此同学们创作的作品越来越多。比如说"我爸爸、我妈妈"系列的创作,这些都倾注着孩子们对父母深深的爱。我与书的故事、放飞的萤火虫合集、温馨五月花等。这是我们班一位同学的读书笔记,里面记录了三年来他读书的点滴。其实班里不只是他,还有很多这样的同学,都喜欢用文字记录自己的所思所想。篇篇文字记录下了自己与书的故事。

渐渐地读书热潮吹到了每一个同学的家中,我们班在期末推举出了阅读小明星。孩子的热情带动了家长,每晚一起的读书时光总是那么的温馨和美好。

学校开展了"师生共读"的读书活动,可以让每个学生从不同程度上感受到了课外阅读给他们带来的快乐,增进了师生之间、亲子之间的情感交流。我们将会继续坚持下去!

### 曲艺课程故事
音乐兼曲艺课程教师 李达

我校五年级学生兰兰(化名),学快板两年多,曾多次在市级和区级活动上进行表演,极具表现力的台风给大家留下深刻的印象。其实她在上三年级的时候,性格挺腼腆的,不善于表达,但是在接触曲艺以后,尤其是在表演的过程中,丰富的表情,动作还有神态,整个人都投入到表演之中。

曲艺课程的教学,弘扬了津味文化,在说、唱的过程中增进了同学们对津味文化的认知和理解,发自内心地去热爱天津本土艺术。我们的教学让学生对天津产生美的印象,将来他们就会努力为天津去创造美。

从我一个艺术老师角度来说,看到同学们都能打起快板唱几句,看到同学们充满自信地去展示,看到艺术这颗种子在孩子幼小的心灵中生根、发芽,我也希望能够有一天在我们的不懈努力下,让天津曲艺艺术之花绽放!

## 博物馆课程
### 语文兼博物馆课程教师 邵宇萌

河西区有很多优质资源,我们便利用自然博物馆这一极佳的社会资源,以主题任务单形式,开展别有趣味的主题学习活动。同学们以记录、绘画、作文、摄影、海报等生动的形式记录下他们在博物馆中的收获。每个学生的学习状况都将收录在《走进博物馆》成长册中。这本手册将完整记录同学们六年中在社会大课堂学习的足迹。这一课程的开发与应用促使学生点燃兴趣的火把,从而在主动探索中提升综合素养。

为了上好博物馆课程,老师们便早早着手准备。例如,二年级下册的语文教材中有《恐龙的灭绝》这篇课文,于是在带着同学们去博物馆之前,我就先为学生介绍恐龙的基本知识,这就是准备课的情形,很多学生事先就自主翻阅了相关的资料,了解了恐龙的灭绝过程,学习兴趣特别浓厚。最后,我和学生们商定好去现场学习的任务,带着问题去学习,同学们的学习积极性更高了,每天都追着问:"邵老师,咱们什么时候去博物馆学习呢?"

到了现场课的时候,每个学生都拿着属于自己年级的学习任务单。例如:蝴蝶的一生分为几个阶段呀?昆虫有什么特征呢?翼龙到底有没有羽毛?同学们会意识到,这不同于以往走马观花地去参观博物馆,而是要带着任务去学习和探索。当时,四年级有一个小女生在蝴蝶馆和小伙伴观察不同种类的蝴蝶时,刚刚要完成任务单上的连线题,一只小蝴蝶便悄悄地飞到了她的手上。当时,孩子睁大了双眼,仔细观察蝴蝶身上的每一个细节。为了不让蝴蝶飞走,她屏住呼吸,生怕惊扰了这只可爱的小蝴蝶,她小心翼翼地样子特别可爱。班里的男生也变得细心起来，连走路都要一步一步小心地走，生怕踩到地上的蝴蝶。

在博物馆收获了丰富的知识，同学们回到学校，在老师的组织下，把自己所学所得以情景剧、手抄报、剪纸等不同的形式进行了总结和回顾。记得四年一班的几位女生自己动手制作头饰，编剧本，演话剧。这就是博物馆学习带来的无穷乐趣。

在课程的总结和反馈阶段，一封封家长信，让我们看到了家长对博物馆课程给予的肯定和支持。如二年二班许玉玉（化名）的家长反映，孩子从博物馆回来后很兴奋，一直说个不停。告诉我们恐龙什么样，有多高、多大，虽然不是第一次去，但这次是最开心的，收获最大的。看到平时沉默不语的许玉玉有了这样的改变，着实为她高兴。看着一封封家长信，读着一段段家长的留言，我想这不仅仅是家长与老师的对话，更是家长们对学校课程最有力的支持和肯定。

除了博物馆课程，学生的研学足迹还遍及了大学校园、纪念馆、公园等不同场所，研学之旅成了课堂的延伸，课程的载体，学习的场域，探究的空间。课本中相对枯燥的文字与此课程巧妙结合后，学生对学科知识有了更生动的体验，更加乐于与同伴在合作中分享探究学习的愉悦。通过多元教学，真正让学生思考"是什么，为什么，该怎样做"，正所谓"一切皆课程，处处皆教育"。

## 做课感受

英语教师 董丹丹

结束了创优课之后，在下午的第四节课，徐主任告知我要上一节外语与文化的整合课。提着的心刚刚放下，这一个艰巨的任务又布置给我，让我既激动又紧张。徐主任和我说了任务的艰巨性之后，我欣然地接收了，为了学校的整体课程年会的呈现，自己无论如何也要付出一分力量。周一来校后，和张桂荣老师一起修改和整理教案，周二进行了试讲。张老师结合文化课程的特点，让我加入了有关第一单元所学国家的一些标志性的建筑物，这也是一种学习文化的体现。上课前一天下午提前去一年三班试课件,设计板书,整理卫生,希望能展现出最好的一面。

本节课我采用信息技术与英语学科整合的教学理念,并使用任务型活动方式,为学生提供了良好的英语学习环境和适当的资源,让学生在教学过程中自主学习,合作参与,并进行语言实践。在此过程中,再由Vivi这个超级天气预报员来引导大家学习。我也以韵句的方式让学生进行操练,同学们也很有兴致。在各种天气下,引导学生提出合理的建议,例如天气寒冷,就会说出Put on your coat(穿上外套)。这也是培养学生关爱他人的良好品质,体验了英语学科的人文性。在最后的环节,我让学生在班级群中,进行英文天气播报,将任务贯穿始终,真实地运用语言,培养学生用英语做事情和用英语进行交流的能力,这也体现了英语学科的工具性。

### 做课感受

美术教师 王津

在学校的课程建设年会的展示中,学校安排我的任务是上一节水墨画课。

接到任务后,我就认真准备起来。美术教室的布置,水墨画的工具材料准备十分烦琐,裁纸、铺画毡、清洗毛笔、调色盘和笔洗、选择颜料等,还要做好当天的应急预案,如手边材料不能正常使用,怎样救急等措施。

备课都是在下班回家后进行,不断在改进,随时想起的问题随时记在一张纸上,在家里安静地,把转天所要做的事情理出头绪,来到学校后直接去做。

在充分地准备后,当天做课师生都表现出了最佳的状态。学生们都完成了作品,并向听课的老师、家长们进行了展示。

一节课的背后,是集体力量的结晶。学校领导的支持,老师们的协助,学生的配合等,总之,这节课的成绩属于"恩小"!

### 做课感受

语文教师 杨然

在周二的课程展示会上，我作为师生共读课的老师向参会者展示了一节课程。

提前一周知道要上展示课，孟老师和我一起去了学校绘本馆，翻看绘本馆的图书，初步定下主题。刁主任帮我理清思路，出谋划策，查找资料。回家后利用六日时间在家、在图书馆翻阅绘本，修改主题。从网络上观看窦桂梅老师讲的优质课视频，搜寻绘本课教学设计，参看先进经验。周二进行了第一次试讲。孟老师结合课程的特点给我提出了修改意见，我按照意见及时修改教案。同时在孟老师的指导下从学生坐姿、拿书姿势等方面锻炼学生。积极准备上课的书签、小黑板、音响、磁扣等用品。上课前一天，在孟老师的帮助下布置绘本馆，希望能展现出最好的一面。

经过精心的准备和事先的训练，一节30分钟的课展现在了听课老师的面前。我以"友情"为主题，让学生们通过阅读学会如何与朋友相处，如何化解冲突。同学们课堂积极性较高，表现也很突出。但在课程设计上有一些小瑕疵，我在课堂生成等方面还需努力。

### 做课感受

数学教师 张妍

本次课程展示，我承担的是"数学与整合"的展示课任务。

刚接到任务时，我很茫然，并未理解"整合课"究竟是什么。后来在师傅的耐心讲解下，我选择了《小熊请客》这节学习4的乘法口诀的课程。我仔细研读教材，参考教参、上网查阅相关资料，初步先完成了一份简易的教案，后来又在王雪老师的帮助下将教案写得更完善。

经过两次试讲，我发现自己的不足，虚心请教有经验的教师，不断地在脑海里模拟上课情况,更是通过这段时间与学生的交流观察,大胆模拟出了学生可能会有的表现,并提前做好应对措施。

展示课前,让学生提前准备好上课要用到的东西,并细心地提醒学生注意安全。

这堂课,同学们动手动脑,从活动中习得知识,从动手里发现问题,最终将这堂课完美而顺利地展现出来!

### 三、"因心行德"课程体系建设与校本表达

(一)课程目标

1. 提出背景

(1)国内外课程改革趋势——自主发展和道德素养始终是主题

进入 21 世纪以来,"核心素养"成为全球范围内教育政策、教育实践、教育研究领域的重要议题,并且已经成为一个统帅各国教育改革的主流概念。核心素养将引领并拉动课程教材改革、教学方式变革、教师专业发展、教学质量评价等关键教育活动。

2014 年 4 月,我国教育部颁布了《关于全面深化课程改革,落实立德树人根本任务的意见》,研究提出各学段学生应该建立核心素养体系,明确学生应具备的适应终身发展和社会发展需要的必备品格和关键能力,突出强调个人修养、社会关爱、家国情怀,更加注重自主发展、合作参与、创新实践。培养具备核心素养的全面发展的人,是学校工作的中心主题。

2016 年,《中国学生发展核心素养》研究成果发布。中国学生发展核心素养以培养"全面发展的人"为核心,分为文化基础、自主发展、社会参与三大方面。每一方面包含两大核心素养,共计六大素养。核心素养作为重要的育人目标,对课标修订、课程建设、学生评价等诸多方面提供了指导和借鉴。

在德育方面,习近平总书记在全国教育大会上强调,要坚持中国特色社会主义教育发展道路……培养德智体美劳全面发展的社会主义建设者和接班人。这无疑对德育教育提出了更高的要求。

恩德里小学积极响应党和国家的号召，以课程建设统领所有工作，在河西区教育局的指导下，学校超前思考、大胆创新，以立德树人为根本目标，从学校的客观实际出发，结合学校文化特色，将"恩·德"文化融入教育，将课程建设作为发展学生核心素养、享受有品质教育的重要载体，树立了"无处不课程、无事不课程、无时不课程"的大课程观，用三级互补、共生共融的无边界课程引领学生健康主动、富有个性地发展。深化课程改革，探索课程整合，构建了既体现国家意志，又彰显学校特色的课程体系。

（2）学校恩德教育理念落地——因心而育，从德而行

课程体系建设是对学校目标与价值系统的落地，综合人才培养的要求、学校传统恩德文化的弘扬，以及社会现实对未来人才的需要，学校对"恩德"文化进行深入而创新的解读，赋予其自主发展、道德实践的时代概念和内涵，提炼出"因心而育，从德而行"的核心价值观，保证"恩德"文化在学校教育中保持时代生机，重新焕发光彩。

"因心而育"，就是根据每一个体的不同心灵进行教育。要遵循每个孩子的心智水平与素质能力，不违成长规律，不违教育规律，树立学生自主意识，积极顺势引导学生自主发展，真正做到"以人为本"，而非"见成绩不见人""见知识不见人"。每个孩子都是一个鲜活的生命，都有一颗独具潜能的心灵。个性化教育前提就是要尊重每一个，爱护每一个，才能成就每一个，发展每一个。每个孩子都是独一无二的，都有其自身的价值教育，应发现和挖掘他们的潜能，呵护尊重每一个孩子的心灵，激发他们的志趣，实现他们的个性发展，让他们成为最好的自己。

因心为恩，"因心而育"也有对感恩意识和社会情感进行培养的层面。恩是在交流中产生，关怀、施与、成就。在人与自我的反思中自寻自省；在人与他人的交流中互帮互助；在人与社会的联结中体味责任；在人与自然的共处中感受馈赠。正是因为在不同的联系中有了恩，并感受恩、懂得恩，能设身处地为别人考虑，将每一个微小的给予都当作珍贵的恩赐，才能找到自我价值，

成就别人的精彩;才能成就和谐的命运共同体、发展共同体。从小学起培养孩子"恩"意识,对于学生的世界观、人生观、价值观的塑造,以及人生长远发展都受益终身。

德,代表一种比较高的行为要求,德的最终输出是行为,是作用于他人、社会、世界的能动行为。教育是行之学,而非谈之学,以德导行,从德而行是教育应行之事,也是育人的重要内容。所以,恩德是一种以知行统一,言行一致为内在要求的品德与能力。

如今,在"因心而育,从德而行"的办学理念的指导下,学校课程建设面临文化落地和体系重建的任务。

课程体系建设是一个不断深入、不断探索、不断优化的过程。在办学理念的指导下,着力发展学生核心素养的课程体系建设,必将让"恩小"学生的自主发展能力、社会责任感、创新精神和实践能力得到提升,必将成为"恩小"教师专业发展的不竭动力,也必将进一步促进"恩小"特色发展,向有品质的教育不断迈进。

2.定位:核心素养的"恩德表达"

根据人才培养的核心素养要求和恩德里小学文化理念的指导,学校将课程目标确定为"培养具备自我成就力和道德行动力的恩德少年"。

恩德里小学的课程目标聚焦于两个主要方面:学生的自我成就力和道德行动力。自我行动力和道德行动力呈相互交织的状态。两者互依、互存、互促,体现出恩德里小学"因心行德"课程的特色所在。恩德少年,即要尊重学生的个性发展需要,帮助学生实现自我实现的需要又要关注学生的道德形成和践行。

(1)自我成就力

自我成就力主要针对学生的个人成长方面。心理学家亚伯拉罕·马斯洛(Abraham H. Maslow)提出了需要层次理论,认为人类最高层次的需要即为自我实现的需要。其关键点在于学生可以开发自我潜能,发现自己、认同自己、成就自己。使学生个人本身可以成为自己发展和成长的内驱力，由内在动力和个人成就动机来推动学生不断发展，成长为全面发展的人才。

"恩德"教育将"恩"解读为"因心而育"，因心即遵从尊重每一个独特的内心，培养个性发展即具有自我成就力，满足自我实现需要的人。培养学生的自我成就力，即是激发学生的自我成就意愿，并进一步提升学生的自我成就能力。人生的基本命运就是自我成就，每一个希望实现自己人生价值的人，都不能不考虑"我应当成为什么人"的问题，而每一个希望最大限度实现自己人生价值的人，都必须设法充分发挥自己的天赋才能。基于此，就需要学生把自己的条件禀赋发挥得淋漓尽致。而学校发掘每一个学生的意愿和激发潜能的路径就是课程建设，通过基础课程的奠基和特色校本课程的提升，看到每一个学生美好的心灵，点燃每一个学生的激情。

(2)道德行动力

"恩德教育"理念中将"德"的重心落在"行"上，意在培养学生明德基础上的"道德行动力"。"因心行德"课程体系即是通过课程指导学生行德践德，实现真正的和谐发展。

道德是人与人之间相互关系的行为准则和规范的总和，同时也指那些与此相应的人们的思想、行为和活动。道德是社会主义精神文明的一个重要组成部分，它反映整个社会的精神风貌，也反映个人的思想觉悟、精神境界、文明教养以及自我调节、自我控制的能力。注重道德修养是中华民族的优良传统，我国古代许多思想家对此进行了深入研究，写出了许多蕴含着深刻的道德哲理的篇章。如"吾日三省吾身""见贤思齐，见不贤而内省""积土成山，积水成渊，积善成德""勿以恶小而为之，勿以善小而不为"等，这些警世格言世代相传，深入人心，成为人们进行道德修养的座右铭。所以道德不仅是一种品质，更要在行动中体现出来。既要塑造学生的道德认知、道德情感、道德意志，更要激发学生的道德行为。加强道德教育，提升学生道德行动力，对于个人修养以及文明提升有较大作用。

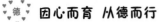
(二)课程内容与结构

1.体系及解读——课程体系的哲学逻辑

(1)课程目标

培养具备自我成就力和道德行动力的恩德少年。

(2)课程体系

为了培养具备自我成就力和道德行动力的恩德少年,恩德里小学构建了"因心行德"课程体系。其中包括两个模块,第一个模块为"因心"课程体系,第二个模块为"行德"行德课程体系。两个模块分别指向学生的自我成就力和道德行动力。

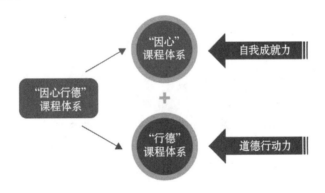

图 2-2 课程体系一级分类示意图

(3)课程体系解读

"因心"课程体系旨在培养学生的"理想的我",以学生的个人需求为出发点,促使学生自我实现。可将"因心"课程体系解构为基础扎实、博学雅志、自我养成三项内容。

"行德"课程体系致力于培养学生的道德行动力,即"道德的我",可解构为人与社会、人与世界、人与自然三项内容。

2.分类细读——四级课程建设体系解读

(1)课程体系——"因心"课程体系和"行德"课程体系

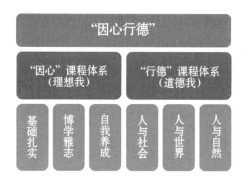

图 2-3　课程体系二级分类示意图

　　课程体系建设要与课程目标一脉相承。恩德里小学致力培养具备自我成就力和道德行动力的恩德少年。为了达成这一目标，学校决定建构"因心"课程体系和"行德"课程体系。

　　①"因心"

　　"恩"对应学生的自我成就力，也就是"因心"，主要针对学生的个人成长方面，以学生的个人需求为出发点。关于学生的个人成长，有两个值得关注的地方。一个是人类成长过程中的阶段性，即个体在不同的年龄阶段表现出身心发展不同的总体特征及主要矛盾，会面临着不同的发展任务。儿童的发展，在一定顺序的持续不断的发展过程中，在一定年龄时期，往往反映出一些新的生理与心理变化的典型特点。这些典型特点的出现，标志着儿童的发展在量的增长过程中，产生了质的变化，进入了一个新的发展时期。人们根据这些特点的典型性与普遍性，确定了儿童发展的阶段性。每个阶段都有其典型的特点，这是个体发展的一种规律。这些特点与前后阶段既有差别性，又有连续性，构成不同年龄阶段的年龄特征。因此，人的身心发展的阶段性规律决定教育工作者必须根据不同年龄阶段的特点分阶段进行，要根据学生所处的阶段进行针对性的教育，即必须符合学生的年龄特点和需要。二是要从学生个人的角度出发，每个学生都是一个独立的个体。我们要把学生培养成一个完整的人，首先要满足学生的个人需要，努力使学生将个人的成长当作自己发展内驱力。只有满足了学生需要的课程,才是真正有利于学生发展和成长的课程。

②"行德"

"德"对应学生的道德行动力,也就是"行德",主要针对学生的道德品质方面。道德是社会主义精神文明的一个重要组成部分,它反映整个社会的精神风貌,也反映个人的思想觉悟、精神境界、文明教养以及自我调节、自我控制的能力。道德是一个人,一个民族,一个国家的灵魂。个人道德品质的培养有利于提高社会公德。公民的个人品质高,才会自觉遵守和维护社会公共秩序,维护社会的共同利益,是最基本的道德规范。一个公民个人道德品质高的社会,人与整个社会、人与他人、人与自然的关系都会是和谐稳定的。因此,不仅要使学生具备道德认识、道德情感和道德意志,更培养学生的道德行为,将学生的道德品质发挥与生活中的点点滴滴。

(2)课程体系解读

①"因心"课程体系解读——学生的自我实现路径

基础扎实:基础扎实旨在培养学生扎实的基础文化素养,培养成就志向。包括语言素养、数学素养、科学与技术素养等,是培养全面发展的人所具备的基本素养,也是培养学生自我成就力的初级课程。小学是一个感性启蒙的阶段,在这一阶段中主要培养学生的基础性能力。以语文教学为例,小学生围绕拼音、字词、句段、标点以及简单的修辞需要进行大量的背诵、抄写、反复的训练,目标是能够拼读识记基础的语言文字知识,又在诵读识记的基础上,通过一些小故事培养学生对生活、对世界的感性认识。在学习的不同阶段,根据学生的实际需要,持续地给予支持和维护;为学生设置恰当的期望目标,让学生通过努力能够达到。有效设置达成目标的路径,设置合适的学习任务和挑战性的情境,在学习过程中为学生提供学习支架。或者将较难的任务通过步骤化进行分解、细化,引导学生一步一步达成目标,体验成功的快乐,建立信心。设置恰当的学习任务,不能过于简单,如果太简单,学生会觉得没意思，并产生错觉，感觉学习上不需要花很大工夫，不需要付出努力。

博学雅志："博"，大通也。在学习上，应兼容并包、百花争艳。作为学生，应打下厚实的功底，全面提升综合素质。想要成为全面发展的人，仅仅学会基础类课程是远远不够的，想要有更加宽阔的国际视野，必须积蓄更多的文化与艺术底蕴。博学，首先要具备一种开放的态度，要热爱这个世界和相关的知识，这样的人才能更多地、更敏锐地把握事物好的一面，从而成长为完整的人。在博学的基础上，要树立高雅的志向。不仅要积蓄文化和艺术学识，还要树立高雅的志趣和审美情趣。

美，作为一种表现形态，客观地存在于现实生活的各个领域。不论是自然美、艺术美还是社会美，都能够引起人们的共鸣，提高心灵意境，启发人的智慧，培养气质、陶冶性情、形成品德、美化人生。审美和志向的高尚趣味表现在审美取向、审美体验和审美创造、艺术追求两个方面，是审美主体、创作主体在审美体验、创作活动中所体现出来的合乎美的规律和人性本质特征的思想品格、性格气质、审美情趣、艺术趣味和鉴赏能力、艺术修养，表现了人类高尚、文明、美好、纯洁等美的高尚的道德情操、精神气质和鉴赏态度、审美情趣。

2019 年 4 月 15 日的教育部新闻发布会上，教育部体育卫生与艺术教育司司长王登峰指出，要将学校美育工作开展的情况、学生的审美和人文素养的发展情况，作为考核学校、考核教育、考核地方政府工作绩效的一个重要指标。美育是研究人与现实审美关系及其规律的科学，其中美的本质、形态、审美意识、审美过程等是美学的基本研究内容。

自我养成：自我亦称自我意识或自我概念，主要是指个体对自己存在状态的认知，是个体对其社会角色进行自我评价的结果。自我也指自己反思后纯净公正的内心世界。人类不断社会化的过程也是不断建立自我的过程，婴幼儿时期是没有自我的，有的是本我，遵循快乐的原则，吃饱就开心了，舒服就开心了。在成长的历程中，不断地接收外界信息与刺激，逐渐开始有了自我，来控制本我的冲动，开始明白"我是谁"，"我想要成为什么样"。马斯洛在

《动机与人格》一书中说，人有自我实现的趋向。自我实现的人也被他称为"最健康、最完美的人格"。他把人的自我实现视为人不断自我调整自身心理倾向、实现自身潜能或潜力的一种需要，自我实现就是自我发挥和自我完善，强调自我实现者有很强的成功的个性特点，是自我价值最大限度的实现。

②"行德"课程体系——从关系联结到树德正行

a. 人与社会

社会是人与人之间关系的总和。学生作为社会人，会不断地与社会中的其他人产生关系或联结。因此，要培养学生在人际交往的过程中爱自己、爱他人的意识和能力，构建良好的道德行为模式，建立起良好的社会支持系统。

现代社会突出的一个问题是——社会生活中道德失范。从学校层面看，缺乏诚信、人际交往意识淡薄、自信心匮乏，素质和修养集中体现于言行不够得体、缺乏优雅风范。究其原因，一方面是现在的学生和家长过于看重学习成绩，忽略了自身综合素质和修养的提高；更主要的另一方面是因为长期以来，道德行为的养成教育不够。我们以往的思想教育，过于空泛，学生想去做，却没有一个明确的标准让他们学习和参照，缺乏把抽象的道德规范形象化，从而使内容丰富的道德教育在具体教育过程中支离破碎，收效甚微。培养理智，就是要能够运用理智去驾驭和支配自己，克制自己的欲望，顺从理性的指导。礼仪的培养就是要让儿童学习礼貌、礼节和风度，懂得人情世故，会待人接物，要文质彬彬，高雅友善。

b. 人与世界

人与世界，就是要加强学生与世界的联结，开拓学生的国际视野，在更高的基础上塑造学生的价值观，培育道德品质和行为方式。要使学生具有与本土文化和国际文化对接、交流、沟通的能力，具有相应的创新、务实能力，能够不断吸收新思维、新观点等。现代教育的价值之一，就是培养出一群具备现代公民素质、具备历史纵深感与国际视野的人，让更多学生懂得什么是尊严、什么是使命，明白自己与他人以及与世界的关系，懂得权利与义务的边界，懂得去呵护和追求被时间反复证明了的共同价值。是希望学生获得更辽阔的眼界，学会尊重及鼓励独立思考与独立见解，让学生可以看到国内外的教育和发展，更是希望学生可以在学习和自豪于中华文化的基础上，具备与国内外文化进行交流和学习的能力，成为拥有开阔的国际视野，有独立思想和判断力的学生。

c.人与自然

人与自然模块，最主要的是通过使学生了解自然、热爱自然，从而塑造学生的道德观念和良好的行为习惯。道德培养的最高形式，便是塑造学生与大自然和谐共生并且自强不息的意识和行为模式。自然是指大自然中各个事物的总体，包括宇宙一切事物的总体，人类文明的起源、人类怎样认识宇宙、万物生长靠太阳、对太阳系的新探索、星空巡礼、天地之间、宇宙学与科学世界观。人与自然共处在地球生物圈之中，我们各方面的发展都离不开大自然。自然及其演化对人类社会的发展有着相当重要的影响。首先，自然界在漫长的演变过程中，创造了人，也改造了人。生命的起源、生物的进化、人类的出现，都是自然发展、演化的结果。其次，自然环境还影响社会生活的许多方面，如语言分界、建筑、绘画等。因此，要让学生了解自然、热爱自然、敬畏自然。

（3）课程群

①人文社科类课程群

人文社科类课程群包括语文与生活课程、数学与科学课程、外语与文化课程、STEM课程、科学类课程，和文学类课程。"语文与生活""数学与科学""外语与文化"三类课程旨在达成学生学识扎实的目标；STEM课程精心挑选、设计符合学生年龄特点的课程，让学生在快乐、活跃的氛围中，通过亲身体验、操作，来理解更深奥的科学道理，为学生提供了逼近真实、富有现实意义的学习情境，更利于学生高阶思维与积极情感的投入，学会解决复杂问题，从而全面提升学生的核心素养；科技类与文学类选修课程补充国家课程的范围，以更广泛的角度拓展学生对科技和文学的理解与掌握。

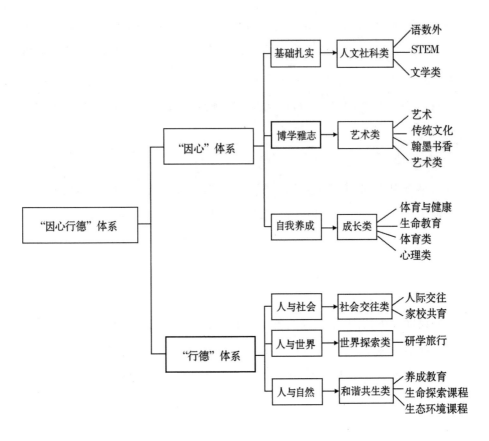

图 2-4　课程群示意图

②艺术类课程群

　　艺术类课程群包括艺术与审美课程、传统文化课程、翰墨书香课程,和艺术类选修课程。"艺术与审美"课程把音乐课程与美术课程进行整合,旨在达成学生审美高雅的目标;传统文化课程和翰墨书香课程旨在让学生了解、感受和学习优秀传统文化和艺术的基础上,开阔视野、提升素养、修身养性,增强民族自豪感和文化自信;艺术类选修课程填补国家课程和必修课程的缝隙,给学生提供更多的可能和选择。

③成长类课程群

成长类课程群包括体育与健康课程、生命教育、体育类课程和心理类课程。体育与健康课程是把体育课程和健康课程进行整合，旨在提升学生身心健康的基本素养；生命教育是一种全人教育，核心目标在于，通过生命管理，让每一个学生都成为"我自己"，都能最终实现"我之为我"的生命价值；体育类和心理类选修课程致力于向学生提供更丰富多彩的身心类课程模块和体验，增强学生活力，培养向上动力。

④社会交往类课程群

社会交往类课程包括人际交往课程和家校共育课程。人际交往课程旨在加强学生的人际交往能力，帮助学生更好地建立社会支持系统，并塑造符合社会取向的道德品质价值观；家校共育课程旨在通过家校合作的方式培养学生的同理心、责任心，加强学生家庭亲子间的亲密度，塑造学生积极乐观、勤奋好学的个性心理品质。

⑤世界探索类课程群

世界探索类课程包括研学旅行课程。研学旅行课程是由学校根据国内外区域特色、学生年龄特点和各学科教学内容需要，组织学生通过集体旅行、集中食宿的方式走出校园，在与平常不同的生活中拓宽视野、丰富知识，加深对文化的亲近感，增加对国内外文化、习俗和社会公共道德的体验。同时，研学旅行继承和发展了我国传统游学——"读万卷书，行万里路"的教育理念和人文精神，成为素质教育的新内容和新方式。提升中小学生的自理能力、创新精神和实践能力。

⑥和谐共生类课程群

和谐共生课程主要用于使学生理解人与自然的关系，理解生命的成长过程和珍贵性，并进一步塑造学生的高尚品德和良好行为习惯。主要包括生命探索课程、生态环境课程和养成教育。生命探索课程旨在通过学生对于动植物的观察与研究，丰富学生的相关知识，让学生以最自然、最直观的形式学习自然、了解自然；生态环境课程旨在培养能够与自然和谐互动的个体，培养学生热爱自然、保护自然的意识和行为方法；养成教育旨在培养学生良好的生活、行为习惯以及价值观、理想的塑造，通过养成教育课程，可以使学生在了解自然、热爱自然、敬畏自然的基础上，养成符合社会道德规范的行为模式。

（4）具体课程

在自我成就力目标维度下，构建"因心"课程体系，在国家与地方课程中"语文与生活""数学与科学""外语与文化"三类课程旨在达成学生基础扎实的目标，其属于人文社科类课程群。"艺术与审美"课程旨在达成学生博学雅志的目标，其属于艺术类课程群。"体育与健康"旨在提升学生的身心健康水平。在对"因心"课程进行规划时发现，在国家和地方课程中尚不存在直接有助于达成学生养成自我目标的课程。基于此，在人文社科类课程群中，学校必修校本课程开设了"STEM"课程，选修校本开设了科技类和文学类课程，旨在更好地达成学生基础扎实的目标。从《扎染艺术》到《水晶玫瑰》《彩虹瓶》《神奇的肥皂》《星球的位置》《自己制作饮料》等课程中，都能看到学生们欣喜的表情和探究的热情。STEM课程团队的教师开发了如《风能》《美丽的城堡》《桥梁的设计》《桥梁的承重》《电池的原理》及《制作水族箱》等课程。他们精心挑选、设计符合学生年龄特点的课程，让学生在快乐、活跃的氛围中，通过亲身体验、操作，来理解更深奥的科学道理。一路走来，我们惊喜地看到，STEM教育为学生提供了接近真实、富有现实意义的学习情境，更利于学生高阶思维与积极情感的投入，学会解决复杂问题，从而全面提升学生的核心素养。在艺术类课程群中，学校必修校本课程开设了"传统文化""翰墨书香"课程，选修校本开设了艺术类课程，旨在达成学生审美高雅、博学雅致的目标。在成长类课程群中，学校开设"生命教育"的必修校本课程，选修开设了体育类和心理类课程，旨在促进实现学生自我养成，达成培育学生自我成就力的目标。

在道德行动力维度下，构建"行德"课程体系。从人与社会、人与世界、人与自然的角度，探讨在不同的关系联结中，应培养学生何种价值观念、道德品质和道德行为。在人与社会的关系联结中，建设社会交往课程群，主要包括人际交往和家校共育课程，通过《培养卓越口才》《我们是朋友》《恩德志愿服务》《亲子共游》《亲子共读》等课程，培养学生的社会交往能力、同理心、宜人性，培育基础的社会价值观。在人与世界的关系联结中，构建世界探索课程群，主要以研学旅行的形式展开，如《博悟之旅》和《地方特色》课程，通过使学生了解国内外文化，在增加文化自信和民族自豪感的同时，开阔眼界、培育兼容并包的国际视野和人生格局。在人与自然的关系联结中，开设和谐共生课程群，以养成教育为主，开设《习惯成就未来》课程，旨在促进达成学生品德高尚的目标。同时，建议开设生命探索课程和生态环境课程，如《小动物，大世界》《植物科学研究所》《我们生活的世界》《海河的奥妙》等课程，使学生在了解自然规律、生态环境科学、区域特色的同时，了解自然、热爱自然、敬畏自然，以热爱之心塑造道德品质，养成良好行为习惯，形成道德行动力。

**表 2-1　具体课程一览表**

| 课程体系 | 体系解读 | 课程群 | 具体课程 | | |
|---|---|---|---|---|---|
| | | | 国家、地方课程 | 必修校本课程 | 选修校本课程 |
| "因心"体系 | 基础扎实 | 人文社科类课程群 | 《语文与生活》《数学与科学》《外语与文化》 | STEM：<br>《桥梁的设计》<br>《制作喂鸟器》<br>《风能》<br>《桥梁的承重》<br>《电池的原理》<br>《制作水族箱》<br>《我的彩虹瓶》<br>《会飞的飞机》<br>《声音是怎样产生的》<br>《DNA 的神奇结构》<br>《降落伞》 | 科技类（5 门）文学类（3 门） |

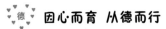 

续表

| 课程体系 | 体系解读 | 课程群 | 具体课程 | | |
| --- | --- | --- | --- | --- | --- |
| | | | 国家、地方课程 | 必修校本课程 | 选修校本课程 |
| "因心"体系 | 博学雅志 | 艺术类课程群 | 《艺术与审美》 | 1.传统文化<br>《天津快板》<br>《天津时调》<br>《水墨画》<br>2.翰墨书香<br>《书法》<br>《师生共读》<br>《晨诵午读暮省》 | 艺术类<br>（13门） |
| | 自我养成 | 成长类课程群 | 《体育与健康》 | 《生命教育》 | 体育类<br>（8门）<br>心理类<br>（3门） |
| "行德"体系 | 人与社会 | 社会交往课程群 | | 1.人际交往<br>《培养卓越口才》<br>《我们是朋友》<br>2.家校共育<br>《恩德志愿服务》<br>《亲子共游》<br>《亲子共读》 | |
| | 人与世界 | 世界探索课程群 | | 研学旅行<br>《博悟之旅》<br>《地方特色》 | |

续表

| 课程体系 | 体系解读 | 课程群 | 具体课程 | | |
|---|---|---|---|---|---|
| | | | 国家、地方课程 | 必修校本课程 | 选修校本课程 |
| "行德"体系 | 人与自然 | 和谐共生课程群 | | 1.生命探索课程《小动物,大世界》《植物科学研究所》2.生态环境课程《我们生活的世界》《海河的奥妙》3.养成教育《习惯成就未来》 | |

(三)课程实施与评价

1.课程实施

(1)分级分类实施——分层走班、彰显个性

实施"分层走班"是学校课程改革的一个重要内容。我们将在走班方式、教师安排、课时规划、班级管理以及学业评价等方面进行设计与规划,并在一个年级中进行实践尝试。学校的校本课程将以本校学生生活经验为基础,以学生兴趣爱好为中心,以尊重学生自主选择为主旨,最大程度地满足不同特长、不同兴趣、不同层次学生的发展需要。学校通过开展生命教育,使学生在玩中学、在做中学、在悟中学、在教中学,以生命课程为主导,辅以其他课程的教学和教育活动,使学生树立起努力丰富自己自然生命、社会生命和精神生命的意识,坚定确立"让有限的生命实现最大的价值,让每个生命成为最好的自己"的目标。每天早上8:00—8:10是《经典诵读》校本课程的时间,学生浸润在中华经典的铿锵音韵里,感悟中华经典的博大精髓。快板和时调展现了恩小学生在传承中华传统文化方面的成果。学校邀请了曲艺名家为学生传授技艺,现在恩德里小学

的每名学生都会说快板《画中游》《美丽的天津》《社会主义核心价值观》;都会唱天津时调《津门老字号》《军民鱼水情》和《秋景》。

(2)课时安排——调整时空、加强整合

在总课时不变的情况下,把课时调整为长短课。长课60分钟,用于开展综合实践课、实验课、主题活动课等;中课40分钟,用于语文与生活、数学与科学、英语与文化等课程;短课15分钟或者是10分钟,用于每天的诵读、写字、养成教育等课程。素质拓展课程,则每次安排60分钟。育人无墙,处处课堂。教育要有境界,立足的是学生的童年,放眼的是学生、家庭和社会的未来。从这个意义上说,校本课程,不只在课堂。恩德里小学校园内有很多综合实践课程等待学生们来参与,在校园外,学生也可以行走、观察、体验、学习。多元的校本课程、兴趣选择和成长路径,正因为"多元",才使学生的自由选择成为可能。在学校内部,"多元"是学校注重资源建设的累积性结果;在学校外部,"多元"是学校主动与社区、社会和国内外学校积极互动的结果。这也有助于形成家庭、学校、社会进入教育的三位一体构架。

(3)师资力量的培养

①提升教育实施质量的关键在于高素质的教师队伍,而提高教师综合素质的重要途径就是教师的职前和在职培训。

培训目标要多元化、追求整体性:就将中小学教师培养的目标设置为"多角色"型,即通过培训使教师真正成为教育专业的学者,成为能够运用深厚的知识储备与人生经验为学生的学习生活做出良好判断的引导者,成为言行举止、思想品德都可以引领学生的示范者。在培养"完整型"的教师上,"完整"的含义包括教师优良的个人品质、精湛的教育教学技能和较强的学习能力三个方面,三者和谐统一于一身。

培训内容丰富多彩体现综合性:教师在职培训既有提高教师专业文化水平的培训,又有锻炼教师教学的实践能力的科目;既有具体课程,又有系统学习;既有新任教师的培训,又有骨干教师和高品质教师的培训;既有单一学科的针对性培训,又有适用于各阶段教师的通识培训;同时,还要有针对教师教育教学难点和困惑的培训。

培训课程整体设计强调实用性：可积极努力延长培训的期限，将教师的职前培训、职后培训纳入培训计划中来，培训遵循知识由浅入深的序列性，强调知识根植于理论与实践，让教师获得实用的教学技能，成为既具有丰富的专业知识，又具有广泛的教学经验的优秀教师。

培训途径多种多样彰显灵活性：教师可以通过进修学院、广播电视、计算机网络和教研活动，出国考察等途径实现自由灵活、丰富多彩的在职培训，满足了教师自身发展的不同要求；时间上看，教师在职培训课程大致可分为长期培训、短期培训、晚间培训、周末培训、假日培训等，为教师学习提供多种选择。

培训评估机制科学化：建立健全教师评估机制，细化到培训的每一个环节，评估调查对象包括学生、参训的教师和学校其他相关人员。同时要实施培训质量督导评估的动态化管理机制。

②促使教师更新观念，认清角色新变化：教师应该清晰认识到，除了传授知识、立德树人，教师还要成为学生成长的陪伴者和引导者、学生未来职业生涯的指导者、课程学习的规划者。

③学校要促进实现如下三个转变：教育内容，实现从专注"层次选拔"向优化"个性选择"转变；教育方式，实现从过度关注"育分"向全面关心"育人"转变；教育目的，实现从注重"学科成绩"向促进"学生成长"转变。

（4）资源开发与利用

①因地制宜

教师的课程资源意识，是影响教师课程资源开发与利用的重要因素。学校通过组织教师开展学情和课程资源开发研讨会，不断强化教师的课程资源意识。假期中教师们来到自然博物馆参观，馆里多种恐龙骨架、各类各色蝴蝶标本、丰富的鸟类动物的标本等深深吸引了他们，因为教师有强烈的课程开发利用意识，立刻就想到一年级《有趣的动物》和二年级《飞向蓝天的恐龙》等课文的教学工作，教师把教材和博物馆里丰富的教学资源结合起来，为本班学生设计了博物馆课程的任务单,这种教学方式有效地提高了学生的自主学习能力,产生了巨大的成效。河西区有很多优质资源,恩德里小学利用自然博物馆这一极佳的社会资源,以主题任务单为形式,开展别有趣味的主题学习活动。二年级下册的语文教材中有《恐龙的灭绝》这篇课文,在带学生去博物馆之前,语文兼博物馆课程教师邵宇萌,先为学生介绍恐龙的基本知识,共同商定现场学习的任务,带着问题去学习。同学们以记录、绘画、作文、摄影、海报等生动的形式,记录他们在博物馆中的收获。每个学生的学习状况都收录在《博悟之旅》成长册中,这本手册将完整记录学生六年中在社会大课堂的足迹。除了博物馆课程,学生的研学足迹还遍及了大学校园、纪念馆、公园等不同场所,研学之旅成了课堂的延伸,课程的载体,学习的场域,探究的空间。课本中相对枯燥的文字与课程巧妙结合后,学生对学科知识有了更生动的体验,更乐于与同伴在合作中分享探究学习的经验。

②多方途径

开展社区环境调查,了解社区资源状况。社区环境包括自然和人文环境,自然环境如水土、气候、植被等,人文环境如工农业生产、交通、文化遗产、社区经济生活、社区政治生活、社区文化生活等。通过对自然和人文环境的调查和了解,可以收集和挖掘丰富的课程资源。关注生活,从生活中找资源。关注学生的实际生活,充分挖掘和利用符合学生年龄特点和能力水平的研究课题,是开发课程资源的重要途径与方法。引导学生从生活实际出发,善于发现和提出问题。从自然现象到社会生活,从身边小事到国家大事,从现实世界到历史和未来,都是综合实践活动重要的课程资源。注意与现代科学发展的联系。通过给学生介绍一些当代科技发展的最新成就,如航空航天、计算机技术、环境保护、新材料能源等,激发学生积极参与研究的兴趣和热情,可以为课程资源的开发开拓新的领域和思路。充分利用学校多媒体网络、图书馆、实验室、音乐教室、绘本馆专用教室等课程资源,为我校多色课程奠定基础,同时也为课程资源的开发和重组提供条件。

③拓展资源

学校一方面积极与社区、公益组织积极联系,另一方面开发家长资源,聘请了他们为学生开设了太极拳、剪纸、书法等课程,著名曲艺表演家杨铭先生、武当名家希然、天津时调艺术家刘迎等优秀师资的加入,为学校课程的深度发展奠定了基础。STEM 是科学、技术、工程、数学四门学科的简称,生活中发生的大多数问题需要应用多种学科的知识来共同解决,跨学科、与真实世界相联系、让学生理解科学原理、了解科学与技术的差别、用好数字化工具、教与学的关系发生变化,是 STEM 课程和传统课程的区别。STEM 教育提倡个性化和创造力的发展,同时也特别提倡学科间的整合和融合,它可以锻炼学生的思维能力,奠基其将来的可持续性发展。恩德里小学 2016 年投入资金,建设了 STEM 专用教室,组建了 STEM 课程实验小组,全体数学、科学、音乐、信息技术教师形成团队,一起协同合作,学习研究、积极实践 STEM 教育理念和教育方式,并聘请北京师范大学、上海 STEM 课程策划小组的专家来校为教师进行培训。

2.课程评价

(1)"因心行德"课程体系测评表

对学校课程体系建设质量和教学成果的评价,可以通过学生自评、教师评价、学生互评等方式进行,评价内容可参考以下表格。

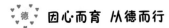 

## 表 2-2 "因心行德"评价体系测评细则

| 课程体系 | 总目标 | 目标要素 | 课程群 | 具体评价内容 | 自评 | 互评 | 教师评 |
|---|---|---|---|---|---|---|---|
| "因心行德"课程体系 | 自我成就力 | 基础扎实 | 人文社科类 | 1.主动求知,树立正确学习目的 | | | |
| | | | | 2.勤奋学习,培养良好学习习惯 | | | |
| | | | | 3.讲求方法,善于合作探究学习 | | | |
| | | | | 4.精益求精,基础扎实追求卓越 | | | |
| | | | | 5.有学习动力,孜孜不倦追求上进 | | | |
| | | | | 6.学识扎实,树立理想 | | | |
| | | 博学雅志 | 艺术类 | 1.学习正确审美,珍惜劳动成果 | | | |
| | | | | 2.了解并感受艺术文化,丰富情感体验的能力 | | | |
| | | | | 3.具备审美情趣,增加艺术涵养 | | | |
| | | | | 4.爱好广泛,对世界充满好奇和探索之心 | | | |
| | | | | 5.具备艺术创新的能力和意愿 | | | |
| | | 自我养成 | 成长类 | 1.注意卫生,增强体质,坚持锻炼,爱好体育 | | | |
| | | | | 2.正确认识困难、挫折,敢于面对,勇于克服 | | | |
| | | | | 3.学习调控情绪,增强自制能力,能自我疏导 | | | |
| | | | | 4.爱自己、爱他人、爱生命 | | | |
| | | | | 5.了解自己、接受自己、发展自己 | | | |
| | | | | 6.有自我实现的意向和行动 | | | |
| | | | | 7.积极向上,阳光进取 | | | |

续表

| 课程体系 | 总目标 | 目标要素 | 课程群 | 具体评价内容 | 自评 | 互评 | 教师评 |
|---|---|---|---|---|---|---|---|
| "因心行德"课程体系 | 道德行动力 | 人与社会 | 社会交往类 | 1.言语有礼有节，行为举止得体 | | | |
| | | | | 2.公德意识良好，自觉保护环境 | | | |
| | | | | 3.遵规守纪学法，抵制不良诱惑 | | | |
| | | | | 4.自信乐观，友好相处，互帮互助，真诚待人 | | | |
| | | | | 5.热情善良，尊重他人 | | | |
| | | | | 6.具有同理心，理解他人，包容他人 | | | |
| | | | | 7.与他人建立良好人际关系，具备良好的社会支持系统 | | | |
| | | | | 8.孝敬父母，尊敬师长，诚实守信，乐于助人 | | | |
| | | | | 9.热爱集体，热爱家乡，热爱中华优秀传统文化 | | | |
| | | | | 10.感恩立志，放飞梦想，回馈社会，报效家国 | | | |
| | | 人与世界 | 世界探索类 | 1.勤于观察思考，兴趣爱好广泛 | | | |
| | | | | 2.勤于动手操作，提升探究能力 | | | |
| | | | | 3.积极参加劳动，亲历社会实践体验 | | | |
| | | | | 4.接触多元文化，积极参与对外交流 | | | |
| | | | | 5.眼界广，格局大 | | | |
| | | 人与自然 | 和谐共生类 | 1.珍爱生命，尊重自然 | | | |
| | | | | 2.了解大自然，了解自然规律、环境生态 | | | |
| | | | | 3.对自然充满好奇，热爱自然，敬畏自然 | | | |
| | | | | 4.与自然和谐共处，遵守自然规律 | | | |
| | | | | 5.道德品质提升，日常展现道德行为 | | | |

（2）目标评价

**表 2-3  教师通过观察指标对课程进行评价**

| 评价指标（权重） | 观察点 | 得分 | 合计 |
|---|---|---|---|
| 目标定位（15%） | 1.是否依据《课标》的知识目标定位目标领域和目标等级 | | |
| | 2.是否依据《课标》的技能目标定位目标领域和目标等级 | | |
| | 3.是否依据《课标》的情感目标定位目标领域和目标等级 | | |
| 课程理念（10%） | 4.教学目标的行为主体是否体现以学生为中心的课程理念 | | |
| | 5.行为表现和达成要求是否符合认知规律 | | |
| 学习目标（20%） | 6～9.教学目标中行为主体、行为表现、行为条件和表现程度等要素组成是否齐全 | | |
| 目标管理（25%） | 10～14.教学目标的要素描述是否符合目标管理的 SMART（specific，measurable，attainable，relevant，time-bound）原则 | | |
| 目标达成（30%） | 15～16.目标在整体教学设计中是否有效引领教学过程？是否达成 | | |
| | 17～18.目标在整体教学设计中是否有效引领教学任务？是否达成 | | |
| | 19～20.目标在整体教学设计中是否有效引领教学评价？是否达成 | | |
| 总体评价及建议 | | 合计 | |
| 备注 | 每个观察点满分 5 分。优秀：5 分；良好：4 分；一般：3 分；不太好：2 分；不好：1 分。量表总分 100 分。A 等：81～100 分；B 等：61～80 分；C 等：41～60 分；D 等：21～40 分；E 等：低于 21 分 | | |

（3）激励评价

"课堂激励性评价"就是课堂中教师通过适当的教学方式和手段，从不同角度，给不同层次的学生以褒扬、鼓励、肯定、启发、劝勉及批评，从而使有不同思维能力的学生在心理上获得自信、成功等体验，最大限度地激发学生的学习动机,诱发学生的学习兴趣,促使学生形成良好的行为习惯。

a.评价贯穿教育教学的全过程,关注学生在学习活动中的参与情况、学习态度、学习成效、实践体验等。不同的学生有不同的特点和优势,可设置多种评价角度,发掘学生的闪光点进行激励。

b.建立评价制度,对表现良好的学生进行奖励,也可颁发奖励证书和小礼品,可放入学生档案袋中,也可举办颁奖典礼。

c.定期举办展览会,请家长来校参观学生的学习或创造成果,设立学校开放日。

(四)课程总图

包含课程目标、课程内容与结构、课程实施与评价的课程总体系图示。

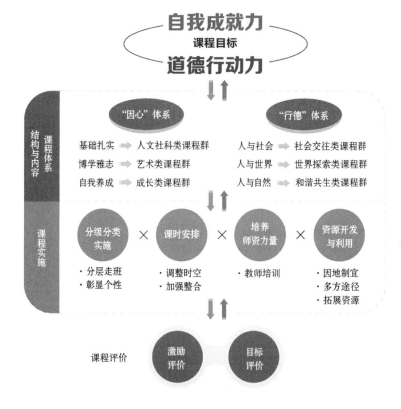

图 2-5　课程总图

### 四、小小"蒲公英"，与课程共成长

我们不希望你成为运动健将，我们只要你健康；我们不要你琴棋书画样样精通，但是你要有一双懂得欣赏美的眼睛；我们不希望你成绩优秀，但是希望你对知识终身孜孜以求……我对学生的期待，既有泥土般质朴的教育愿望，更有星空般高远的教育梦想——修己以安百姓。

来自东北的十岁女生李侬，原本内向、宁静，她说刚到天津时感觉自己就像一朵蒲公英孤独地流浪。在恩德里小学丰富多彩的课程中，她一点点接触了美术、书法、象棋、舞蹈等课程。

学校邀请天津市曲艺团天津时调青年名家刘迎"名师进校园"，教全校师生唱天津时调，当时的李侬（化名）还不懂什么是天津时调。在刘老师的培养下，在学校的帮助下，她一步步成长，走上了天津电视台《鱼龙百戏》节目，并入选"京津冀传统艺术人才计划"，还将国家级非物质文化遗产"天津时调"带到中央电视台。如今的李侬性格开朗，处事大方，被评为学校的大队委。

"恩小"成为绽放个性，开朗幸福的蒲公英之家，"小小蒲公英"们不再是孤独地流浪，而是在学校特色课程体系的浸润下快乐成长。

每天早上8：00—8：10是《经典诵读》校本课程的时间，学生浸润在中华经典的美妙音韵里，感悟中华经典的博大精髓。快板和时调展现了"恩小"学生在传承中华传统文化方面的成果。学校邀请了曲艺名家为学生传授技艺，现在恩德里小学的每名学生都会说快板《画中游》《美丽的天津》《社会主义核心价值观》；都会唱天津时调《津门老字号》《军民鱼水情》和《秋景》。

兰兰上三年级的时候，学校发给每个学生一副快板。"以前都是从电视上看人家打快板，感觉挺眼儿的，学校开了曲艺课以后，我就跟着老师学。还记得第一次站在台上对着全班同学表演，我当时特别腼腆，特别紧张，最后表演得不好，场面挺尴尬的。老师并没有批评我，还指导我站在台上时，就拿自己当个演员，不能害羞。"兰兰重新站回台上拿起快板，老师逐字逐句地给他指点，包括动作摆到什么位置，唱到"天安门广场看国旗"时眼神得往上仰……

北京大学教育学院教授刘云杉曾用"博放教育"一词描述减负之后的"应试教育"。他指出，所谓"博放教育"，是一些教改名校，宣称提供学生感兴趣的一切，成就学生想拥有的一切，奉行同情宽容的个人主义、人本主义，强调解放，甚至无序与无纪律。所以，现实中呈现的样态很复杂。

例如，困扰家校及社会的"三点半"放学问题。学生三点半放学本是一种减负，使学生能在快乐成长的年纪享受童年生活，但许多学校在实施的过程中却带来一系列问题：学生放学后无人看管，安全受到威胁，甚至有些学生直接被送到校外教育机构。刘云杉表示，由此可以看出部分学校的博放实际上高度依赖家庭与校外的精约训练。

最初建校时，学校随迁子女占80％，面对学生三点半"管理空档期"，学校通过广泛征求意见，采用"学生自愿，家长委托"的方式，整合学校和社会资源，推出了"快乐三点半"教育活动。

每天下午三点半放学后，学生并没有离开校园，而是在打乱班级后开展着丰富多彩的拓展活动，操场上、教室里，学生们在社会公益人士、家长及老师们的带领下开展多种有趣的活动，这就是"快乐三点半"教育课程。

在"三点半"课程中，学生可以根据喜好享受丰富的"营养大餐"，包含尤克里里、非洲鼓、街舞、小主持人、儿童剧、茶艺等51门课程。选课时采用传统的App（手机应用软件）抢课方式，让学生了解课程，让家长知晓课程，孩子与家长共同研究，家长结合自己孩子的爱好、特点，考量综合发展，同时尊重孩子的意见，选择该学期的素质拓展课程。

三年来，学校在破解难题中前行，在课程建设中绽放。为学生着想，他们成功破解了小学生"真空时段"的难题，使"减负令"落到了实处；每名学生都至少会唱三段天津时调，三段快板，每个班都有自编自创充满浓厚生活气息的快板节目；每天坚持晨诵、午读、暮省课程，为学生形成良好生活习惯奠定了基础；每名学生每年至少承担六次志愿者服务，在他们心田播撒下了关心他人、善待他人的种子，穿着红马甲的恩小学子已成为津城一道亮丽的风景。

通过建立"快乐三点半"课程,既让学生做到课上减负,又减轻了放学后家长的负担,并且通过丰富的课程培养,让学生找到兴趣点,以点带面,最终提高学习积极性,提高整体素质。在"快乐三点半"外,学校还延伸出"家校共育课程",包括亲子志愿活动、亲子共游、亲子共读,让教育更完整。如今,学校已荣获全国素质教育示范校、全国新教育实验优秀实验校、全国生命教育先进单位等多项荣誉称号。

原国家督学刘长兴曾经评价恩德里小学的"快乐三点半"活动,是重构的校本课程体系。学生在"走班选项,有分有合,自主管理,合作探究"的学习过程中,文化基础得到巩固,社会责任得到锻炼,个人才艺得到发展。

**附《天津日报》的报道:**

## 课程涵养美德 修己以安百姓

——来自河西区恩德里小学校长韩洪涛的采访

1.请问,学校为什么对课程建设如此重视呢?

党的十九大报告中提到了,"努力让每个孩子都能享有公平而有质量的教育"。《河西区教育事业发展"十三五"规划》中也提出了要促进教育优质均衡,构建首善教育生态体系,让学生享受有品质的教育。课程是教育思想、教育目标和教育内容的主要载体。只有不断深化课程建设,才能落实立德树人的根本任务,发展素质教育,推进教育公平。我认为,学校课程建设过程是对学校课程蓝图的勾勒与践行过程,是学校整体发展与形成特色的核心,也是学校的一种常态生活和思考方式,全方位地反映着学校的办学思想。

2.学校课程体系构建的理念是什么呢?

恩德里小学将"恩·德"文化融入教育,将课程建设作为发展学生核心素养、享受有品质教育的重要载体,树立了"无处不课程、无事不课程、无时不课程"的大课程观,用三级互补、共生共融的无边界课程引领学生健康主动、富有个性的发展，进一步促进了学校特色发展，向有品质的教育不断迈进。

3.学校在课程体系构建方面做了哪些工作？

在河西区教育局的引领下，恩德里小学超前思考、大胆创新，以培养和发展学生核心素养为根本目标，从学校的客观实际出发，深化课程改革，探索课程整合，构建了既体现国家意志，又彰显学校特色的课程体系。

三年多，"课程"已成为学校发展的主旋律。学校打破原有课程间的壁垒，有效整合国家课程，补充相应的校本课程，开发课程资源，拓展课程领域，完善课程结构，构建起基于校情、学情，较为科学完善的课程体系。学校早在2014年4月，首先在全市创设了以"快乐三点半"活动为内容的"素质拓展课程"，解决学生"教育真空时段"的隐患。同时，学校下大气力开发了人际交往、研学旅行、家校共育、生命教育、翰墨书香、习惯养成、传统文化、STEM课程八大门类必修校本课程。这套课程体系集课程整合与教育创新之大成，它的顶层设计，最终指向的是学生核心素养和未来发展。一路走来，学校以课程体系构建为杠杆，持续变革课程理念，构建起课程的"新景观"，从而撬动了整个学校的发展。

4.听说学校举办了自己学校的第一届课程年会，能介绍介绍吗？

2017年10月31日上午，学校成功召开了第一届"课程涵养美德"课程建设年会，总结了学校三年多来的探索与实践。

首先，全体学生齐聚操场，共唱快板《画中游》和天津时调《津门老字号》，齐诵《少年中国说》。快板和时调展现了恩小学生在传承中华传统文化方面的成果。"少年强，则国强……"在慷慨激昂的诵读中，表达了学生对祖国浓浓的热爱之情。

之后，所有来宾进入礼堂，共同观看《小小蒲公英与课程成长》的视频短片。通过视频掠影，我们清晰地看到课程带给学生的发展与变化。恩小的学子在课程涵养下，正快乐、健康地成长。之后，我以《课程涵养美德》为题，带领大家回顾了三年多来，学校课程发展、实践的历程。音乐快板《唱唱"快乐三点半"》和舞蹈《橡皮泥》则生动地表现了恩小学生在课程的浸润下的个性发展、幸福成长的现状。

最后,学校同时并开了九节特色课程。基础课程有三节,分别是语文与生活课程、数学与科学课程、外语与文化课程;校本课程有六节,分别是心理课程、养成教育课程、STEM课程、曲艺课程、师生共读课程、水墨画课程。

整整一个上午的课程建设年会,学校为嘉宾展现了多彩的课程、探索的足迹、幸福的家园。

5.课程体系在实践中丰盈,促进了师生共同成长。听说学校的课程故事还不少呢,能给我们讲讲吗?

课程建设中最有生命力的内容就是故事,故事既需要讲述,也需要发现,更需要弘扬……例如,师生共读课程教师洪春燕从绘本入手,一年内,她带领学生读了四十多本,还创作了"我爸爸、我妈妈""我与书的故事""放飞的萤火虫""温馨五月花"等作品集。渐渐,读书热潮吹到了每个学生的家中,孩子的热情带动了家长,每晚一起的读书时光总是那么温馨和美好。师生共读课程的开展,让每个学生从不同程度上感受到了阅读带给他们的快乐,增进了师生之间、亲子之间的情感交流,促使他们有了共同的语言,共同的生活密码。

例如,有一个来自东北的学生,原本内向、宁静,她说刚到天津时感觉自己就像一朵孤独的蒲公英。在学校丰富多彩的课程中,她一点点接触了美术、书法、象棋、舞蹈等课程。学校还邀请天津市曲艺团天津时调青年名家刘迎走进校园,教全校师生唱天津时调。这个学生开始根本不懂什么是天津时调,但在刘迎老师的培养下,在学校丰富课程的浸润下,她一步步成长,走上了天津电视台《鱼龙百戏》节目,并入选"京津冀传统艺术人才计划",还将国家级非物质文化遗产"天津时调"带到中央电视台。如今的她性格开朗,处事大方,被评为学校的大队委。学校也成为绽放个性,开朗幸福的蒲公英之家,"小小蒲公英"们不再是孤独,而是在学校特色课程体系的浸润下快乐成长。

6.三年多来,学校以课程体系构建为杠杆,撬动了学校的整体发展。最后，请您展望一下未来教育的美景？

改革，惟其艰难，更显勇毅。未来，学校将以课程体系构建为杠杆，持续变革课程理念，扩展课程能力，升华课程境界，构建起学校课程的"新景观"，撬动了整个学校的发展，让每一个孩子都精彩绽放。

党的十九大已经绘就了教育现代化的宏伟蓝图，河西教育人必将按照党的十九大报告中提到的，"努力让每个孩子都能享有公平而有质量的教育"的精神，积极构建首善教育生态体系，让学生享受有品质的教育。

## 第二节　树立以人为本的理念，营造和谐的教育环境

**一、以先进理念引领以人为本的管理与教育**

队伍建设，价值引领。依据《河西区教师队伍提升行动计划（2016－2020年）》的精神为指导，学校正努力建设一支师德高尚、业务精湛、结构合理、充满活力的高素质专业化教师队伍。

为此，学校一直把提高教师专业素养、提升教师教学力作为工作重点。根据学校实际，坚持"骨干带动、同伴互助、自我反思、自主发展"的策略，通过学、研、培、导、练、赛等多种形式，提高教师的专业化水平，促进专业化成长。

（一）积跬步，以至千里：充实理论，提升教师学习力

为了提高教师的理论水平，学校以年级组为单位，开展好书大家读活动。针对教师教育教学中的困惑和新教育实施过程中的问题，为每位教师购置了《致教师》一书，每月两次荐书活动，推荐书目，涉及教育、教学、艺术、文学等范围，极大地扩展了教师的视野，有力提高了理论水平。教师阅览室全天开放，教师们可以自由阅览报纸杂志。学校为每位教师配备电脑，依据网络资

源自主学习,同时积极派教师外出学习。多角度、多形式、多方法、多内容的学习营造了教师间浓厚的学习氛围,不断地学习、提高、再学习、再提高,成了每个教师的自觉行为,促进了教师的内涵和素养的提升。围绕"核心素养"组织学习培训。利用全体会,学习理解"核心素养";请教研员进课堂,亲临指导。教师们进一步明确各学科教育落实在学生身上最有价值的必备品格及关键能力,是知识与能力、过程与方法、情感态度与价值观的整合。

(二)人心齐,泰山移:落实常规,提升教师执行力

解读教材是每一个教师的常规工作。深入解读文本,是教师教学的生命所在。教师只有深入解读文本,多层次、立体化地解读文本,才能真正丰满课堂。只有扎扎实实地练好这门基本功,教师的执行力才能不断提升课堂才会根深叶茂,教学才会得以呈现出蓬勃的生机与活力。学校十分注重教学实践与反思,倡导勤思、多写。组织教师在课后反思、每月反思的基础上,结合专题撰写研讨稿。注重教育思想与理论对解决具体问题的实际效果,寻找路径开展行动研究,改进教育教学行为,探索有利于培育学生各学科核心素养的教与学方式,深化教学改革,提高学生的综合素质。

学校建立《教师专业成长手册》《骨干教师业务档案》《青年教师成长档案》,为他们压担子、搭台子,进一步促进其示范、引领及辐射作用。学校更关注青年教师成长,成立恩德青年发展学苑,通过师徒结对子,积极输送外出学习、请教研员专家引领,创设多种展示、提升的机会,为青年教师搭台亮相,进行专业磨炼。同时,建立"青春无悔感恩前行"微信群,介绍学习篇目,互动学习研讨。学校还开展了"爱在点滴 青春无悔"青年教师演讲、说课、书法等竞赛活动,进一步助推了青年教师素养的提升。目前,学校12位青年教师茁壮成长,在专业上都已经成长为不可缺少的新鲜力量。近一年,在全国、市、区级各项评比中,教师获得荣誉四十多项,八十余篇成果、文章获奖。

学校想方设法创设条件,助推教师专业发展,为教师搭设不断发展的脚手架,并不断调动、挖掘、拓展教师本身的动力引擎,使教师教学力呈上升的

发展态势。

（三）十年树木，百年树人：全员德育，提升教师影响力

在不断提高教师的师德修养和理论水平同时，加强对师德师风教育。重视对教师的培训，将班主任会与全体会进行整合，组织全校教师学习了解德育文件，熟悉、掌握德育工作的各个环节，如三好生评选、春季实践活动等。组织班主任召开学期总结交流会，在交流与分享教育叙事中，树立典型。通过领衔制度，表彰优秀，发挥示范、带头作用。通过新教育专题学习，心理健康等主题培训，不断提高全员育人的意识和班主任自身素质。另外积极组织教师参加"河西区第二届中小学心理教师技能大赛"，全面提高班主任综合素质和专业能力。

（四）锲而不舍，金石可镂：教学教研，相得益彰，快速提高教科研能力

为了深化课程计划的落实，提高学生综合素养，学校在细化各学科的教学模式的基础上，开展了"聚焦课堂常规，提升教学效果""聚焦核心素养，提升课堂教学品质""核心素养之我理解""核心素养之我行动""核心素养之我实例"等研讨活动，第二轮"一师一优课，一课一名师"等研究交流活动，并组织教师认真研讨，分析在课堂教学、减负工作等方面存在的问题，制定有效措施，补短板、增质量、提亮点，提高质量，促进教师成长。同时，结合教师需求，各教研组本学期开展专题系列活动，采取说课、上课、评课、交流等方式，开展"青年教师整合课"课研究，以及"在实践中反思在反思中探索——小课题研究"，所研究的内容都来自一线教师教育教学实践，如中年级数学计算的准确性策略的研究、小组合作有效性的研究、探索提高高年级书面表达能力的策略等等，自下而上，小而实且贴近学生的实际的课题进一步引领教师深入思考，促使教师在教学研究中获得知识与能力，提升了业务水平。

学校还积极申报"十三五"课题研究。同时学校"十二五"国家级课题《小学生良好习惯培养途径与方法的研究》顺利结题。"十三五"期间，学校以"中国传统文化对学生养成教育的影响的研究"为课题将传统文化教育与学生好

习惯培养有机融合,形成自己的特色,创建自己的德育品牌。坚持开展德育研究活动。将课题研究与传统文化教育、心理健康教育、主题班队会、校园文化建设、校外教育、学生自主教育和大型德育活动等工作有机结合。全面助推教师的科研水平的快速提升。

**附天津市教育学会教育科研课题《聚焦学生核心素养 构建"恩德"课程体系》**

### 一、题目

《聚焦学生核心素养 构建"恩德"课程体系》

### 二、背景价值

(一)选题意义

随着时代的发展,社会对于人才素质的要求不断提升,学校课程体系的构建在新的时代背景下应立足学生核心素养的培养。课程是学校最重要的核心竞争力,是一所学校区别于其他学校师生能力与水平的最有力证物。学校只有具备了科学的课程体系、合理的课程设置、适当的课程内容,才能切实有效地培育学生核心素养。

天津市河西区恩德里小学始建于 1964 年,是一所拥有五十多年建校历史的公办学校,目前其随迁子女人数占在学学生总数的 39.1%。校名恩德里,即"心怀感恩,涵养美德"。秉承五十多年来的积淀,恩小从未偏离立德树人的根本目标。因此,乘着培养核心素养的春风,恩德里小学积极行动,以培养和发展学生的核心素养为根本导向,切实践行"乐享学习,润泽生命"的办学理念,大力改革和完善课程建设,以学校现有的校本课程建设实践和成果为基础,顶层设计符合本校实际及具有本校特色的"恩德"课程总体规划,最终形成"恩德"课程体系。

(二)理论意义

1.构建课程体系的重要性

课程是学校最重要的核心竞争力,是一所学校区别于其他学校师生能力与水平的最有力证物。因此，学校正努力构建具有本校特色的课程体系，进一步践行"小学校大格局，小学校大潜能，小学校大课程，小学校大故事，小学校大品质，小学校大智慧"的办学思路。为了让每一个学生健康、全面发展，为了每个学生能自主发展、张扬个性，学校坚持立德树人的价值导向，坚持满足学生发展需要的宗旨，不断丰富课程的内容，不断创新课程的形式，使课程体系的构建成为激活潜能、开启智慧、丰富精神，让学生享受有品质教育的载体。

在颁布《教育规划纲要》以前，只搞课堂教学改革，还可以成为中华名校。但在 2010 年 7 月 29 日颁布《教育规划纲要》以后，在全国范围内著名的中小学，几乎无一不是学校课程体系建设与课堂教学改革齐头并进的学校，甚至更加重视学校课程体系建设的学校。因此，只抓课堂教学改革，不抓课程，是放弃了实质，抓住了表面；侧重解决了"怎么教"，基本上没有解决更为根本的"教什么"的问题。可见，要想实现恩小"建设学生喜欢、家长信任、社会赞誉的学校"的办学愿景，构建"恩德"课程体系迫在眉睫。

2.基于核心素养的重要性

我国教育部于 2014 年 3 月颁布的《教育部关于全面深化课程改革落实立德树人根本任务的意见》中首次提出了"核心素养体系"的概念，其中要求对各阶段的学生进行详细了解和分析，构建其科学合理的核心素养体系，明确学生在未来发展和适应社会所需要的能力和品格。

以学生核心素养为基础，构建课程体系，是推动课程教学改革、落实立德树人目标的基础和关键。到目前，核心素养越来越被教育界关注和重视，已经成为教育界的一个重要研究课题。基于学生核心素养的课程体系旨在能够促进学生核心能力培养，其离不开与现行教育实践的结合，归根到底，基于学生核心素养的课程体系是为了促进教育模式转变，从传统的重视科学知识体系转向重视学生核心素养能力的培养，促进学生全面发展。

（三）创新程度

基于学生核心素养发展，学校将"恩德"文化融入教育，将树立"无处不课程，无事不课程，无时不课程"的大课程观。之前所有教材都是省市统一编写的，但各校的学生是不一样的，例如我校目前随迁子女人数就占到学生总数的四成。因此，学校课程就要有区别，实施校本化重构，目的是要最大化符合每个学生的个性需要。学校将打破原有的课程间的壁垒，有效整合国家课程、地方课程，构建适合于本校学生的、具有特色的"恩德"课程体系。开发课程资源，拓展课程领域，完善课程结构，构建了 5＋n 有品质的课程体系。这套适合恩德里小学校情、较为科学完善的

小学教育课程体系，将集课程整合与教育创新之大成，它的顶层设计，最终指向的是学生核心素养的培养和引领每一个学生健康成长。

（四）应用价值

基于核心素养的课程体系研究将从国家课程、地方课程、校本课程"三级"课程整体建构，相互融合入手展开研究，将弥补核心素养下的课程建设在实施中存在的区域、学校差异适应性问题，以及学生个体差异补偿性问题，力争填补相关研究领域的空白和不足。这项研究将有利于对学生因材施教，推进素质教育和个性化教育；有助于深入理解国家对新课程改革赋予的性质、基本理念、核心目标与重要内容。

另外，通过本课题的研究，探索本校课程体系的构建，研究校本课程与地方课程、国家课程的整合，及其实施的成效，还将有益于适时发现问题，总结经验，为课程的实施提供有价值的改进建议，促进课程体系的完善，提升课程对于健康学生成长、学校持续发展的现实意义。

**三、主题界定**

1.课程体系

课程体系是指在一定的教育价值理念指导下，将课程的各个构成要素加以排列组合，使各个课程要素在动态过程中统一指向课程体系目标实现的系

统。课程体系的建构是从英美等发达国家兴起和发展起来。如英国承认课程开发的重心在学校，政府协助推动课程开发。又如美国强调权力下放，赋予学校更大办学自主权，共享课程决策权，共同分担责任。我国《基础教育课程改革纲要》中明确规定：为保障和促进课程适应不同地区、学校、学生的要求，实行国家、地方和学校三级课程管理。除国家课程外，地方和校本课程既可以是种崭新的创造型课程，也可以是对国家课程的一种改造。

2.核心素养

《教育部关于全面深化课程改革落实立德树人根本任务的意见》中首次提出了"核心素养体系"的概念，核心素养指学生应具备的适应个人终身发展和社会发展需要的必备品格和关键能力，学生发展核心素养以培养"全面发展的人"为核心。学生核心素养主要是教育目标的具体化，是教学实践的指导，是从发展的角度出发，促进学生全面发展，提高适应社会能力。

3.基于核心素养的课程体系

基于核心素养的课程体系是指基于核心素养的理念，结合所在学校的办学理念和教育教学机制，把学生终身发展所具备的核心素养与国家倡导的价值观相匹配，把课程开发与核心素养的培养相贯通，使核心素养的理念贯穿于课程体系的开发与实施中。核心素养是学生终身发展力的基石，课程体系则是核心素养呈现的载体。

**四、研究目标**

1.我校校名"恩德里小学"，"恩德"即"心怀感恩，涵养美德"，五十多年来学校始终秉承以德树人的根本目标。因此通过此项研究将初步形成一套适合我校学生成长需要的、适应现代化学校发展的、独具特色且具有综合教育功能的培育"恩德人"的课程体系。

2.通过课程体系的开发与研究，逐步推进三级课程整合研究，逐步改进课程评价方式，在教育科研过程中，在教育教学实践中，落实对学生核心素养的培养。

3.在具有综合性的课程体系的实施过程中,使学生系统地获得完整、全面而又丰富的学习经验,有效地构建全面和谐的素质结构,从传统的重视科学知识体系转向重视学生核心素养能力的培养,促进学生全面发展。

## 五、研究内容

1.进行基于培养学生核心素养的课程体系建构的研究

(1)针对核心素养内涵的研究。

(2)针对国家课程和地方课程解读的研究。

(3)针对校本课程资源开发的研究。

(4)针对课程体系建构的研究。

(5)针对基于培养学生核心素养的课程体系文献的整理。

2.进行基于培养学生核心素养的课程体系实践性研究

(1)着力整合课堂教学,适应核心素养的需要。

(2)着力改进教学策略,对应核心素养的内涵。

(3)着力改革课程评价,落实核心素养的能力。

(4)着力检测课程教学的科学性、可行性、有效性,完善课程体系。

## 六、研究方法

在专家团队指导和引领下,课题组带领全校教师从文献研究、调查研究入手,研究核心素养的最新成果,研究学校实际和学生学情,为构建课程体系取得基础性资料;通过文献学习、培训等形式,提高全校教师理论水平和自主研究的能力;由各学科骨干教师、课题组核心成员编制与核心素养要求相配套的校本材料;在学校实验检测的基础上不断修改完善课程体系,最终达成研究目标。

1.文献研究法:对国内外相关文献进行收集、整理以及分析,围绕"核心素养""课程体系"等关键主题搜集相关信息,梳理、总结,把握相关主题研究的发展方向。

2.调查法:运用问卷、访谈、检测等方式,收集有关问题和现状资料。

3.行动研究法:在专家团队的指导下建构与核心素养要求相配套的校本教材;通过不断地试验比较,不断进行修改、调整和完善,形成严谨、科学、操作性强的课程体系。

4.实验比较法:通过在不同教学理念指导下实施校本课程的实验,透视其中蕴含的课程改革与发展的理念、课程建设管理中存在的问题、以及课程开设的实际情况,测评核心素养指标的达成度,从而达到修改完善课程体系的目的。

5.经验总结法:针对课题研究问题,进行调查、分析、抽象、概括,总结经验教训,加以运用推广。

## 七、进度计划

1.准备阶段(2018.11－2019.1)

(1)成立课题研究领导小组,确定课题组成员,明确分工。

(2)培训课题组成员,使其掌握开展课题研究相关知识与理论。

(3)制订课题研究实施方案,力求科学,操作性强。

2.实施阶段(2019.1－2019.7)

进行基于培养学生核心素养的课程体系建构的研究。

(1)针对核心素养内涵的研究。

(2)针对国家课程和地方课程解读的研究。

(3)针对校本课程资源开发的研究。

(4)针对课程体系建构的研究。

(5)针对基于培养学生核心素养的课程体系文献的整理。

3.进行基于培养学生核心素养的课程体系实践性研究

(1)着力整合课堂教学,适应核心素养的需要。

(2)着力改进教学策略,对应核心素养的内涵。

(3)着力改革课程评价,落实核心素养的能力。

(4)着力检测课程教学的科学性、可行性、有效性,完善课程体系。

4.总结阶段(2019.7—2019.11)

对照课题研究方案,对研究过程中积累的有关调查报告、分析数据、资料、阶段小结等材料进行分析、总结,撰写研究报告,并编纂校本课程内部材料、专题论文集、教学案例集等研究成果。

### 八、组织保障

1.组织领导

学校成立课题研究领导小组,明确研究职责。韩洪涛校长作为课题领导小组组长负责全程统筹,协调课题研究工作。学校学术委员会盂庆翔老师作为课题联系人具体承担课题研究的开发实施工作,组织参与课题研究的教师开展课题研究。

课题负责人及主要参与研究的教师大部分具有多年的教学研究经验,承担或参与了"十二五"天津市教育学会的课题研究,具有较强的教育科研能力和较为丰富的教学实践经验,在课题研究的过程中,具备了较为扎实的理论基础。

课题负责人韩洪涛校长独立承担了天津市教育学会"十二五"市级课题《个性化阅读与传统阅读教学互补与协调的实践研究》,取得了"十二五"教育科研优秀成果一等奖的成绩。

学校还培养了一支具有较高科研素质的教师队伍,如盂庆翔和刁玉英两位老师参与《个性化阅读与传统阅读教学互补与协调的实践研究》课题研究,取得阶段成果。杜青老师独立承担中国教育学会"十二五"科研规划重点课题《提高中小学班主任专业素养的行动策略研究》子课题——"坚持撰写教育叙事,提高班主任专业素养的研究"。目前,正在独立承担天津市教育学会教育科研课题《课程资源的有效开发与学生创造潜能培养的研究》,取得阶段性成果。这样一支具有较高科研素质的教师队伍,促进了学校教育教学研究的深入展开,形成了学校较为浓厚的教育科研氛围。

2.保障条件

(1)经费保障,学校保证资金投入,下拨研究经费专门用于课题研究的培训、指导、实践等。

(2)时间保障,负责人和参与者把握研究方向,进行理论指导,参与实验过程及解决疑难问题,总结成果,组织推广。学校专门开设固定时间进行课题研究,保证研究时间,使课题研究深入有效。

(3)培训指导保障,为保证本课题研究质量,我们根据课题研究的进展情况,拟聘请相关专家随时进行课题研究的培训和指导,保证课题研究的有效推进。

## 九、成员分工

组　　长:韩洪涛

课题组成员:孟庆翔、王晓军、刘文静、徐梦梅、杜青、张妍、只雅琪、胡俊佳、董丹丹、王雪、孔垂杨、李达、洪春燕、邵宇萌、刘文郑、刘畅、刘洪仁、张慧瑾、张晓昊、董萍萍

总体规划设计:韩洪涛

制定课题研究方案:韩洪涛

教师的理论培训:孟庆翔

具体课题研究活动的组织和安排:孟庆翔

本课题研究资料搜集整理:孟庆翔、杜青、只雅琪、张研、胡俊佳

课题研究报告撰写:孟庆翔

## 十、预期成果

(一)阶段性目标

1.中期小结课程体系的探索:阶段报告

2.课程体系初步建构:课程体系框架图

3.实践与完善课程体系:整理过程性论文集

（二）最终成果

1.总结课程体系的建构：结题报告

2.总结课程材料：编写校本材料

3.总结研究材料：经验论文集、教学案例集

## 十一、专家论证意见

天津小学原校长丁安廉：

课题负责人韩洪涛校长是天津市人民政府督学、"未来教育家"培养对象。在教育科研中"提升自己的办学水平，创设利于师生成熟、成长的现代化小学"是他在平凡工作中敢创新、能担当的追求。他曾承担天津市教育学会"十二五"重点课题研究，研究成果已经付诸实施，成效显著。他撰写的多篇论文曾在市区获奖。课题组成员均有承担或参与"十二五"天津市教育学会课题研究的经历，具有投身教育科研的热情和较为丰富的教育教学实践经验。学校聘请专家指导课题研究，有资金保障，具有完成此课题研究的实力。建议：课题研究的目标应简明、清晰，注意目标与内容相互关系的一致性。此课题符合开题要求，同意开题。

天津市河西区教育中心科研室副主任赵莉：

此课题针对建校五十四年来，"小街巷里的小学校"的校史与随迁子女人数占在校生总数39.1%的校情，以培养和发展学生核心素养为根本，以目前校本课程建设的成果为基础，遵循"心怀感恩，涵养美德，乐享学习，润泽生命"的办学理念，改革并完善学校课程建设，创设独具风格的"恩德"课程体系，立意贴切，利于发展。此课题对现代化学校的课程建设与培育师生核心素养研究具有引领意义。研究的指向清晰，措施、步骤具体可行。建议：课题组要深入学习与课题相关的重要理论，重视文献研究的理论价值，这对于课题的顺利展开和深入研究是十分必要。此课题符合开题要求，同意开题。

天津教育科学研究院科研处处长、研究员王毓珣：

研究有创新点，将"三级"课程相互融合、整体构建，弥补课程实施中存在

的校际差异适应性问题；构建"恩德"课程体系，使学生个体差异问题得到适性地补偿，让课程的设置清晰地体现因材施教，将培育学生核心素养贯穿始终，办"小街巷里百姓身边的好学校"。此项研究有助于引领全体教师深入学习、理解课程与教学、与学生健康成长的关系，深入体会培育学生的核心素养必须贯穿于学校生活的全过程、全时空。建议：课题组要把"恩德"文化深入研究，形成培养"恩德人"的课程体系，深化培养"恩德人"与核心素养的联系，制定课程纲要，最终形成有目标、有设计、有实施、有评价的"恩德"课程体系。此课题符合开题要求，同意开题。

**二、以民主精细管理保障教职工的主体地位**

（一）层级制度，科学管理，增强行政领导力

树立"以人为本"科学的管理理念，采用制度先行，公开、公平、公正的工作原则与态度，坚持"以身作则、用心服务、层级管理、层级负责"的思想，在日常工作中做到"四强"：强化责任意识，强调精细精神，增强榜样作用，加强监督机制。每周坚持例会制度，周五召开行政碰头会，组长反馈组里情况，传达例会精神要求，畅通沟通渠道，掌握各组动态。以"我们组的骄傲"为话题，发现一线老师中的好人好事，找典型，弘扬正气。行政分工明确，各尽其能，各负其责，书记校长统筹管理，提升行政领导力，使学校各部门工作呈良性发展态势。

（二）党政合力，齐抓共管，凝聚正能量

书记牵头，党政密切配合，大力推进支部建设，发挥堡垒作用。结合党组织的系列学习活动：学党章、学讲话，悟原理、提素质；通过重温入党誓词，进行专题讨论，党课宣讲等活动，进一步提高思想觉悟；通过"奉献服务月"和评选"恩德最美教师"的活动，提升教师服务意识和严谨笃学、爱生奉献的思想境界。通过"管办评"分离的制度，由书记校长牵头，在每个学期末对各部门的工作开展形式多样的评估，从而落实岗位职责，完善学校目标管理和绩效管理机制，凝心聚气，营造正能量。

### 三、校长要讲好几个故事

哈佛大学前校长德里克·博克教授曾说："哈佛大学最值得骄傲的不是培养了六位美国总统,不是造就了三十六位诺贝尔奖获得者,也不是全美国五百多家特大型企业一半以上的经理是我们哈佛的学子。最值得骄傲的是哈佛的教育:它让每一块金子都闪闪发光,让每一个从哈佛走出来的人都创造成功。"——这就是哈佛大学的办学理念。

学校的理念不是简单地陈述、复制,而是通过学校的办学沉淀来表述,用历史的脚步来丈量,用厚重的数据来印证,这样的办学理念才令人信服,令人敬仰。

校长要如何传递学校的文化? 有人说,三流学校讲管理,二流学校讲文化,一流学校讲故事。一个好校长,至少要讲好五个故事,即学校的故事、校长的故事、教师的故事、学生的故事、家长的故事。

校长要善于讲故事,讲学校的故事就是讲方向,讲校长的故事就是讲示范,讲教师的故事就是讲责任,讲学生的故事就是讲传承,讲家长的故事就是讲认同。每一个故事里都浸润着学校的文化,每一个故事都是大家对文化的一笔一画真实表达,每一个故事又都是对文化的点滴沉淀。

校长在对教师进行师德、品性、纪律、规范等教育时,若只是一味采用生硬、条条框框的禁止、规定、制度、纯理论等"官方语言",对教师念"紧箍咒"的话。相信教师接受起来绝对是不愉快的。因为刚性语言给人更多的感觉是冰冷、没有温度的。其实。成人与小学生有时是相同的,那就是每位教师都渴望得到学校领导的赏识、关注、尊重,因为那是个人工作获得认可的体现。对教师,校长应给予充分信任。假若校长也能像班主任那样。也能成为一位善于讲故事,特别擅长讲故事的人,在大小会上不断地以讲故事方式向全体教师传递自己的办学理念、理想、目标、愿景等,长此以往,相信每位教师都能把校长的内心渴望转化为自觉的教育教学行动。若校长经常采用讲故事方式与教师谈心,委婉地指出教师平时工作中的暂时"短缺",并以宽厚的期待鼓励教师扬长避短的话，相信每位接受过校长谈心的教师，心中是充满温暖的，相信老师定会以加倍努力工作来回报学校。

因此，在我的教育实践中，我一直努力成为善于讲故事的人。

故事深入浅出，能激发教师的倾听兴趣。枯燥的理论、僵硬的教条说教，教师与学生一样也不爱听，甚至更会左耳进、右耳出。若小学校长能用生动、言简意赅的描述，将故事、案例娓娓地陈述出来，定能诱发教师倾听的兴致。在聆听过程中。校长再择机引导教师对此故事、案例进行追问与思索，明晰哪些可为，哪些不可为，哪些符合教师职业身份。若转换身份体验的话，哪些不可接受。以深入浅出的故事、案例，激荡教师的思维，辨是非，明善恶，教育效益也就会显而易见。

故事平易近人，能起到亲和、尊重的作用。当校长以讲述故事与案例的口吻，跌宕起伏、波澜起伏地推进故事情节，故事的前因后果及其个中曲折，定会把全体教师带进故事、案例现场，让全体教师"设身处地、身临其境"地进入故事、案例的情景中。由于故事、案例具有生动性与平和性，让倾听的教师有了受尊重的温暖感。讲故事的校长与当听众的教师，很快便会融成一体。没有了上下级的距离感，故事、案例就像一条纽带，缩短了校长与全体教师之间的距离。由此可见，以故事为载体，校长与教师之间实现平等交流与商榷也就在情理之中。

故事"余味犹存"，可以激发教师的多元思维。故事的优势是什么？故事能制造余味，会让人回味。若校长在讲述故事与案例时。采用"开放式"方式，故意"留白"中间或是结尾部分，引发全体教师的"补白"。特别是开放式的结尾续说，可以引发教师对结局的多元猜测，引导教师的多元思考。对于教师的答案，校长先不置可否，待教师"接龙"讨论：结局呈现出来后，校长再组织教师从中筛选，哪些是可行的，哪些是欠妥的，缘由何在？最后校长才抛出自己的思考，与教师分享，激荡教师的思维。围绕故事与案例，挖掘其教育性。这样的教育活动，无意中蕴藏有意的匠心。在不经意间，教师便会在校长所描述的故事、案例中，生发出对教育问题的深究与思考。

故事"身先士卒"，引领教师进行教育行动研究。擅长讲故事的小学校长，会根据教育主题的需要，不管是对教师还是对待学生，都会巧妙地改编、创编故事，将自己所要阐发的道理、要义等"隐藏"在其中。在进行故事、案例选择与建构过程中。校长实际上是在进行"教育案例"研究，这也是行动研究的方法。讲故事，是陈述案例的过程。校长实际上是率先垂范，在全体教师面前做行动研究"标本"。在校长的积极引领下，势必在全校掀起时时处处"说故事""研案例"的风潮。"好故事本身会说话"，在这样氛围熏染下。行动研究的习惯便有望在全校教师中蔚然成风。

校长不仅带动教学一线的老师们讲故事，我们还发动校园里各个岗位的人讲故事。

在"我的岗位故事"后勤总结会上，我校后勤保障中心成员齐聚在会议室，就学期开展的工作进行总结。

保安代表杨师傅发言说："我们六名保安自入校门，就是家人，历经三年工作实践，大家在各个方面都有了提高，都做到了认真负责地完成校领导和李老师交给我们的各项任务，积极努力去克服困难，完成每一天站岗执勤任务。同时我们保安人员在工作实践中也做到了对待任务不拖沓，严格执行学校规章制度，正确解决突发事件，不辜负学校和家长的信任，完成好各项工作，大家团结一致，定保恩小平安。"

物业代表武师傅发言说："我们的工作是物业保洁，我们物业两个人互帮互助，杨姐忙不过来我给搭把手，学校临时有事我俩从不推脱，以工作做好为原则，加班加点也愿意，下周学生就考试了，我俩多转转，保持环境，把卫生搞好点，让学生在良好的环境下考试。"

食堂代表袁师傅发言说："就一个食品安全，让咱学生、老师吃到干净卫生热乎乎的饭，我们就是工作到位了。"

## 第三节 践行先进理念，提升改善行为

**用整个心做教育，来之于学**

2012年以来，我参加了河西区教育局举办的后备干部培训、华东师大骨干教师培训、华东师大后备干部培训、华东师大校长培训、华东师大未来教师培训、河西区校长任职班专题培训、2016年暑期党政领导干部领导力提升与教育管理创新专题培训、2017年暑期河西区教育系统党政领导干部核心素养专题培训、青年校长学术论坛等一系列的学习、交流、展示、观摩活动，享受着职业的幸福，切实做到了学有所获，研有所得，思有所悟，激发了想干事的激情，锻造了敢干事的魄力，提高了干成事的能力。

虽然做教师已有23年，但能够重新做回学生仍然是我魂牵梦萦的情怀，我深知"生命有限，学海无涯"，尤其作为一名管理者，更需要不断地充实自己，提升自己，汲取更多的知识营养。"不登高山，不知天之高也；不临深溪，不知地之厚也。"作为"未来教育家奠基工程"其中一员，封闭13天，聆听24位教育专家的讲座，我书写了28600多字的感悟。各位专家的讲座或深刻，或睿智，或沉稳，或思辨，无不滋润着我心田。他们以鲜活的实例和丰富的知识内涵及精湛的理论阐述，使我的教育教学观念发生了很大的变化，更重要的是我们从教育专家的身上学到了做学问和做人的道理。他们的讲座折射出一种责任：国家昌盛，系于教育；教育昌盛，系于我身。在这里，我的心灵得以净化，人格得以升华。

**用整个心做教育，践之于行**

学以致用，担当有为。大方向和长远的目标明确的情况下，我们必须迎

难而上，下决心推进改革，一边做，一边学，在实践的过程中，不断提升完善。

**用整个心做教育，期之于望**

成长为一名教育家是一个不断的自我觉醒、自我发现、自我教育、自我超越的过程。仰望星空，有着一分超然、一分宁静、一分执着；脚踏实地，扎根于现实的土壤，一步一个脚印，让智慧随着问题破解而生成，让思想伴随生命灵动而孕育，形成激情激发激情、个性影响个性、智慧启迪智慧、责任推动责任的"场"和"势"。

培养教育家思维，养成教育家气质，增加教育家细胞，弘扬教育家精神，站在社会所需、人民满意和学生终身发展的高度去规划学校愿景，积极研究探索并带领教师向品质学校的目标迈进。

**一、在实践中改善行为，实施新教育实验历程**

相信岁月，相信种子！新教育实验是由朱永新教授发起的一个民间教育改革行动。一个以教师发展为起点，以十大行动为途径，以帮助师生过一种幸福完整的教育生活为目的的教育实验。

2014年，我们了解了朱永新教授倡导的"新教育"。通过学习，我们了解了新教育的十大行动及"听说读写"的学习方式。我们坚信只有行动才有收获，在相识新教育之后，学校潜心探索新教育之路，恩小的师生在新教育的实验中，教育教学生活日益精彩，过着一种幸福完整的教育生活。

校长，作为新教育的引路人，我带领全校师生及家长破浪前行。首先，从理论武装教师，每周安排新教育学习，学理论、听讲座、写体会、做交流，从一个个生动、具体、鲜活的实例中，教师们了解了新教育，爱上了新教育。思想上达成共识后，行政班子结合学校实际，细致规划学校新教育的发展点，每位行政具体负责新教育各大工程，分工明确，又在统一的理念下密切合作。营造书香校园、缔造完美教室、聆听窗外声音、培养卓越口才、推进每月一事、研发卓越课程……在周密的部署下，新教育有序开展，且取得了显著效果。

作为全国新教育实验校，为使每一位恩德里小学的学生享受到优质的教育，打好小学阶段的各项基础，学校秉承着"为学生成功铺路，为终身发展奠基"的办学理念，求真务实，努力做好教育教学各项工作，为学生坚实走好每一步做好服务。

（一）心怀感恩之心，结缘新教育

2014年4月，在教育局领导的大力协调与关心下，在河西民进区委会多次与新教育针对"新孩子乡村阅读公益行"事宜深入沟通、协调后，恩小师生怀着一颗感恩的心幸运地与新教育结缘。4月8日，在明媚阳光的照耀下，由著名儿童文学作家、新教育新父母研究所所长童喜喜发起的"新孩子乡村阅读公益行"活动走进了天津市河西区恩德里小学，并为家长、学生、教师开展阅读专题《共读共行新孩子》主题讲座，与教师和家长代表进行座谈，并带来10万元的捐赠书籍。她希望学校和家庭，教师和父母一起携手，共同推进孩子的阅读。

活动期间，喜喜老师为学校教师和家长们带来了一场别开生面的讲座《共读共行新孩子》。看着风尘仆仆的童老师带着灿烂的笑容与孩子互动、与家长交流，一种温暖与感动在恩德里小学的礼堂中蔓延着……她用生动的故事及自身成长经历向在场学生及家长讲解了小学课外阅读的重要性和阅读方法。在两个多小时的报告中，喜喜老师用简洁、生动、形象的案例和深入浅出的阅读理论，结合自己的创作和学习经历，从什么是阅读、凭什么要阅读、新自由阅读法的特点、阅读的技巧、实践操作等，对广大教师和家长进行了指导。在教师、家长座谈中，浓烈的研读氛围，生动的交流，心与心的碰撞，使大家内心受到了洗礼。喜喜老师对教师和家长存在的困惑给予睿智而亲切的细心解答，正可谓一场精神大餐，丰厚馈赠！

作为天津市首批新教育实验校之一，全校师生在行动中共同成长，改变着身边的教育现实，实现着我们共同的教育理想！

（二）践行新教育、铸造新人生

1.与新教育的结缘，我更多关注学生的成长与发展

相信每个学生都是一粒种子，只是萌芽时期长短不一、静待花开的过程，也是一个美妙的过程，结缘了新教育，让我更新了教育理念，走进学生，倾听他们的声音，为他们的快乐而欣喜，为他们的伤悲而沮丧，成为学生的良师益友，一起疯闹，不用在意矜持与身份，只要师生开心快乐就好。我努力为学生打造一个书香环境。在校门口设立了"感恩石"的校园亭廊，大家可以在这里阅读小憩，感恩爱心人士，徜徉书香之中。环境可以带给人无形的熏陶和感染，步入校园，浓浓的书香氛围无时不刻在影响着恩小师生。

2.与新教育的结缘，阅读成为师生成长的必然方式

"新教育研究中心"专门为教师列出书目，让我从闲散阅读向专业阅读发展，不断提升我的素养，站在"大师的肩膀上"前行，视野更加开阔，思考的问题更加全面，实现专业成长质的飞跃，一次次的阅读，也就是一次次与灵魂对话的过程，每一次对话都会激起更加不一样的思维光彩。除此之外，我还将丰富多彩的读书活动列为学校的重点活动之一，并贯穿于学期工作始终。"我与书的故事"演讲、每日阅读日记的撰写、读书手抄报的评选，系列活动记录着读书带给师生的收获。为进一步深化读书效果，我将读书活动定位为"共读、共写、共生活"，旨在让学生、教师和家长在读书活动中共同成长、共同进步。期末的时候我组织了"书香里的蒲公英"读书活动总结会，展现了师生在读书活动中的巨大收获和改变，学生通过读书体会到了父母和教师的艰辛，亲手将象征感恩的蓝色丝带系在教师手上，彼此的拥抱浓缩了无尽的情谊，活动现场令无数师生催然泪下。在亲子共读的同时，学校还开展了师生共读，师生相互荐书，教师与全班学生共读一本书，交流读书感受，畅谈读书心得，拉近了师生距离，增进了师生情感，收到了良好的教育效果。

读书同样也是提升教师素养的一条捷径，我坚持将此项活动作为转变教师观念，提升专业素养的一项措施。每周全体会均有固定的读书活动内容，

坚持一年多的"好书大家读"教师荐书活动，拓宽了大家的读书视野，也扩大了读书的信息；另外我还积极开展为教师赠书活动，为每位教师赠送一本朱永新教授的新书《致教师》，共同阅读之后将组织教师交流读书感悟；我还组织教师用撰写"生命叙事"的方式，记录自己与学生共同读书、共同成长的教育案例；开展青年教师读《教育有乐》《教育有趣》感受交流，使大家分享读书收获，体验读书快乐；一年一度的读书月活动，使教师们在参与活动的过程中才华得以展示，素养得以提升。"笔抒情怀、共沐书香、光影瞬间、填词诗赋"记录着教师在读书活动中成长的收获和足迹，吴芳老师原创的诗歌"我是恩小一棵草"，更是道出了校园内外师生读书活动的新迹象。

（三）开启新教育，全面促发展

1.学校的变化

（1）"室内""室外""书里""书外"全面开花

①红领巾广播站，使学生感知名人故事

榜样的力量是无穷的，每天中午的校园广播，通过讲述名人故事，让学生在聆听故事的过程中洗涤心灵，感悟人生，树立远大理想，学习名人身上优秀的品质。

②读友俱乐部，促学生争与书籍为伴

"营造书香校园"是新教育实验十大行动之首，自实施新教育以来，学校把学生读书活动作为重点工作，通过创造浓郁的阅读氛围，整合丰富的阅读资源，开展多彩的读书活动，让阅读成为师生最日常的生活方式，促进师生的人文素养的提高，共享阅读成长的快乐，以促进学校逐步发展成新优质学校。学校还积极开展各类读书活动，如"亲子共读""书香班级"与"书香小少年"评选等活动，在无形中提升了学生的阅读能力，也展现了"恩小"的精神与文化，社会声誉逐步提升，受到多方一致赞许。校园书吧、班级图书角，为学生提供了良好的在校阅读环境。班级内，图书角种类丰富的图书让学生在课余时间可以尽情沉浸在书籍的广阔天地中自由驰骋，"书香小少年"与"书香班级"的评选也是对学生一学期读书成果的肯定。让阅读融入学生的日常生活,让阅读成为学生的一种习惯。

③翰墨飘香社,让书香飘满校园

随着著名儿童文学作家、新教育新父母研究所所长童喜喜老师的到来,学校更是倾力打造读书环境,使学生浸润在书的海洋中幸福成长。浓郁的书香氛围感动了社会公益人士,免费为学校筹集善款捐赠书柜。目前,14 间教室都配备专用图书角,楼内设置了 5 个书吧,命名为"恩德书屋"的学生图书馆全天开放。同时,在操场和校门外建立书吧,以便于学生随手取书,随时阅读,徜徉于书香之中。走进学校,每个人都可以感受到浓郁的阅读氛围。楼内书吧里整齐的图书、班级内图书角丰富的图书、校图书馆种类齐全的图书都为学生提供了充足的阅读资源,校园满溢书香,人人争做爱读书的好少年。

(2)听、说、读、写、画全面发展

①晨诵、午读、暮省,学生在读中成长

学校根据各年级学生特点自编了"经典诵读"校本课程,并且精心挑选了适合学生年龄特点的诵读内容和感恩歌曲。每天早上 7:50 学生会伴随着感恩歌曲走入教室,为他们的每一天注入生命的源泉,让他们的生命在每天的第一时间得以舒展,心灵得到唤醒,师生共同传达一种愉悦、饱满的精神;每天早晨 8:00—8:10 为恩小学子的"晨诵"时间,学生每天早上与经典诗歌共舞,并由此开启一天的学习。午饭后是恩小学子的"午读"时间,每位学生选择自己喜爱的书籍静静地阅读。在安静阅读的氛围里学生心灵深处那些与生俱来的真、善、美的种子,由此得到充分滋养,最终悄然萌芽。晚上,学生对自己一天的阅读情况进行读写绘,畅谈收获,反思成长。学校通过家长信向家长推荐各年级学生适合阅读的书目,倡导家庭开展"亲子共读",并且建议每位家长都与孩子制订出亲子共读计划,这是"暮省"。学生坚持晨诵、午读、暮醒,收获颇丰,目前,全校学生都会吟诵《三字经》《少年中国说》《爱莲说》《为学》等国学经典。每班学生都有属于自己的阅读日记本,里面的内容丰富多彩。寒暑假期间，学校还会组织每名学生选择十本喜爱的书籍带回家与家长共同阅读。一路走来，我们惊喜地看到，亲子共读促使许多家庭有了共同的语言，共同的生活密码。我们相信，在孩子的内心深处，有着最真、最善、最美的性情，需要教育的力量去启发诱导，需要诵读的力量来滋养浸润。

表 2-4　悦读成长调查表

|  | 抽样数量 | 阅读数量 | 阅读时间段 | 书籍获得途径 |
|---|---|---|---|---|
| 实验前 | 58 人 | 3 本 | 放学或周末 | 家庭藏书或购买 |
| 实验后 | 58 人 | 12 本 | 在校午休 | 学校图书馆或图书角 |

自学校开展个性化阅读系列活动以来，为进一步了解学生阅读情况，课题研究小组选取四年级和六年级各一个班的学生进行抽样跟踪调查。该调查旨在利用数据分析自 2014 年以来，在个性化阅读教学影响下，学生们阅读质量的变化。通过学生每学期阅读数量和阅读时间的改变，亲子共读的变化，以及对于"暮省"的理解等具体感知个性化阅读活动给学生阅读带来的质的变化。

通过调查，学生的读书数量不断上升，阅读兴趣日益厚，对学校的相关读书活动了解也日益深入。之所以有以上的变化，正是学校开展个性化阅读实践活动后的成果。学生爱读书，并且愿意与家长进行读书心得交流，这些启迪了学生思维，激发了他们求知的欲望，从而促进学生更加积极主动地参与丰富多彩的读书活动，让学生在书籍的海洋中尽情遨游，快乐成长。

学生在多种形式的读书活动中，不断成长，用自己的语言记录点滴成长是恩小送给每个学子最好的礼物。

②快乐三点半，个性全面促发展

学校每周一的"开放课堂"是由学校精选社会公益人士和有一技之长的热心家长走近课堂，带领学生进入多彩的知识海洋。武当、制香、围棋、跆拳道等特色活动的开展,彰显了学生的个性,丰富了学生生活。

学校每周三的"恩德讲堂"还邀请了著名曲艺表演家杨铭先生长期为全校学生进行快板的排练辅导。经过一年的实践探索,全校每个班都有三名学生会打快板,每个学生都会唱《社会主义核心价值观》《津城美》和《天安门前看升旗》三个快板,每个班都会自编自创有着浓厚生活气息和地方风味的快板节目,如《咱们这恩小》《夸夸我们好学校》和《歌颂祖国》等。

③阅读日记,学生在书写中蜕变

通过长期坚持撰写阅读日记,学生都能按照要求每天完成自己的阅读日记,不仅提升了学生的阅读兴趣也把家长吸引到阅读的行列中,在期末家长荐书会上便得到了验证。如刘芳(化名)家长说:"在亲子共读中,与孩子交流想法,共同探讨,增加了我们之间的话题,而且我还能随时了解女儿的想法,相信在老师的帮助下,会构筑更好的书香家庭。"再如张靖家长在每天忙碌的工作之余,不管晚上回家有多疲惫,都会与孩子亲子共读,一同讨论书中有趣的情节,共读的兴趣越来越浓。

(3)新教育对师生产生的影响

新教育的种子不仅飘进了校园也飘进了师生的心里。四年一班的洪老师用笔触记录下了自己与学生的成长体验:

10月底,我有了新的身份——一名光荣的种子教师!也许很多人不知道种子教师是什么,也许很多人不知道新教育,可是我依然自豪着,因为我知道自己又多了很多学习的途径,我格外珍惜。

转眼一个月过去了,加入这个新家庭的我,在积极地追赶着前辈老师们的同时也开始了自己新的征程,在教室里播种着新教育的种子。

阅读对于学生来说是一件欢喜的事情,因为从书中他们可以学到很多知识或是收获很多欢笑,可是在四年一班中,有几个学生并不爱读书,我从没有看见过他们拿起一本书津津有味地读过,我询问过,结果学生告诉我:"除了看书,干什么都行,我不喜欢。"这可怎么办啊? 怎么让他们喜欢上读书呢,这是一件棘手的事情。终于，我找到了一个好方法——绘本。

通过我的观察，不喜欢读书的学生成绩在班里都是落后的，显然他们不爱读书的原因很大一部分是对文字的抵触。不认识字怎么去读呢？于是经过反复的思考和权衡，我决定和这些学生一起读绘本。学生的读书热情一下子就被点燃了，总是问我什么时候还读啊。看来第一次的尝试成功了，同学们渐渐喜欢上了这种方式。

我想，教育学生的方式有千百种，但是自读自悟的方式很实用，让他先认识到什么是错误，进而反思自己督促自己去改正，这样才能真正地落实到关键之处。在追求成功的道路上会遇到很多荆棘，可是同样会收获很多鲜花，学生的进步是激励我们教师前行的最大动力，为了学生的进步，我们又怎能不努力呢！

润物细无声，于无声处传播知识的精华。二年一班的王老师和同学们都认为读书是一件快乐的事情。

"营造书香校园"工程，是新教育实验的一个重要品牌，也是学校大力开展的工程。2015 年 4 月，随着著名儿童文学作家、新教育新父母研究所所长童喜喜老师的到来，不仅使我校全体师生和家长有幸聆听《共读共行新孩子》主题讲座，还获得了 10 万元的捐赠书籍，随之，我们便与新教育乡村阅读公益行结缘，为此学校更是倾力打造读书环境，使学生浸润在书的海洋中，快乐成长，作为老师的我和学生便一起开启了阅读之旅。结合着每月一事中的"让我们每天阅读十分钟"，班里的学生每天都会选择自己喜爱的书籍静静阅读，他们埋头读书的样子真是可爱。有时我们还会聚在一起交流读书感受。一次在班级读书反馈中，一个学生写出了这样的感受："翻开一本《格林童话》，就像走进了一个美丽的童话世界中，有着惊险刺激的场面，有着幸福美满的场面，有着……总之，一个个都是身临其境。有的时候，我会为着悲惨的情节而流泪，然而我也会为坏蛋们得到应有的惩罚而开心。读书让我感受到了许多的情感，使我时不时地情绪化，给了我丰富的感情。看了《格林童话》

后,我认为青蛙比癞蛤蟆好,因为有青蛙王子、癞蛤蟆想吃天鹅肉这两句截然不同性质的话语。"虽然语言平实,但我们从中真切地看到了学生是将书读进了心里,读出了自己的体会,可见阅读真的是一种能力,拥有这种能力,就是拥有了最重要的才能。

我定期还会开展师生共读图书活动,记得我们在阅读《朱塔奇遇记》的时候,发生了很多有趣的故事。在共读的活动中我们开展了"我来讲故事"的比赛,同学们踊跃地复述着自己读的小故事,比如朱塔是怎么样来的,朱塔为什么要去南极呢,小老鼠豆克又是谁……最后同学们还将自己的感受写进了暮省的绘本中。有一个平时不爱说话的同学这样写:"小熊朱塔一旦有了目标,不怕困难,坚忍不拔,它去做了别人不敢想更不敢做的事。小熊朱塔很善良,能见义勇为,积极帮助别人,它帮助了豆克、小白兔、北极熊、刘宇、白特尔,就连它要去南极的目标也是为了帮皮皮鲁实现心愿,同时朱塔也获得了它们的帮助,它们甚至牺牲了自己最宝贵的生命。我知道了所有的事情,在开始时都不过只是一个想法,敢想就成功了一半。我也要学习朱塔。"后来我们在交流的时候,我惊喜地发现,这位本来不爱说话不爱交流的同学,也在努力试着将自己的想法表达出来,正如他写的那样,自己也要敢于去实现自己心中的理想,就从站在同学们面前分享自己的想法开始。我想这正是阅读的力量,在潜移默化中改变着每个孩子的想法行为,真是阅读十分钟,收获帮一生!

（4）新教育对家长和孩子产生的影响

在潜移默化中,学生们将读书的好习惯还带回了自己的家庭,在亲子共读的反馈表中,不少家长都表示孩子爱上了阅读。每天晚上写完作业后再也不是孩子看点书爸妈玩手机了,而是一家人聚在一起进行亲子共读。班级中有一名妈妈在反馈中这样写道:"与儿子一起读书,在亲子共读的路上与孩子一起成长,一直以来都是我想做的事情。'恩小'的亲子共读活动给我们提供了这样的机会,创造了阅读的氛围。和孩子一起读书时,在母子间亲情浓郁的互动氛围感染下,不经意间我们就会融入一个充满新奇的故事海洋中。陶醉之余，我不得不惊叹，原来陪孩子看书、阅读、讲故事还可以这般生动、趣味而富有寓意！"她的孩子今年上二年级，已经读完《三国演义》《水浒传》《西游记》和杨红缨的二十多本儿童文学读物，现在读书的兴趣越来越浓，几乎有文字的东西都能引起他的兴趣。记得在闲聊时他妈妈说当他到课外老师那去学钢琴时，休息之余，他会拿着《读者》和《钢琴艺术》等杂志在那看，中午吃饭时，他会不自觉地看垫在桌子上的报纸，并给我讲他看到的新闻。现在对孩子来讲，读书就是一种像吃饭、玩耍一样自然的生活，而不是需要完成的硬性作业。

在学校开展"亲子共读"活动一段时间以后，一位一年级学生的家长在"亲子共读"反馈信中这样写道："恩德里小学很普通，我和一些朋友提到恩德里小学，他们都会问学校在哪？当同事朋友问我孩子在哪上学？我说恩德里小学，从他们的眼神和神态中，我能理解，谁不想让自己的孩子上好学校呢。一周后，孩子回来说，朱老师像妈妈。做家长的我心里暖暖的。这一个月，孩子爱看书了，自己的事情主动去做了，爱表达，每天回来和我谈论学校'恩德三点半'的趣事，我也真没想到，竟然会背诵一篇古文。我觉得我选择对了。"这个新一年学生，用拼音写了一句话：我会牢记感恩石上的感恩。"恩小"很普通，但我们拥有泥土般质朴的教育愿望，更拥有星空般高远的教育梦想。

养成好的读书习惯，是为孩子开启在以后人生路上独自探索的一盏不灭的明灯，在孩子从小到大的过程中间，会一直照亮他脚下的道路。读书能增长知识，开阔眼界；读书能明白事理，增强能力；读书能陶冶性情，德润人心，沿着书籍构成的阶梯，学做人，学做事，攀上一个又一个科学的高峰。自与新教育乡村阅读公益行结缘，读书便成了孩子、家长、老师的好朋友。

一路走来，我们惊喜地看到读书给师生带来的变化，学生更加落落大方，教师更加温文尔雅，家长也随之改变，亲子共读使许多家庭有了共同的生活密码，师生共读使我们找到了共同的语言。读书滋养心灵，改变人生，我们会在打造书香校园的路上不断探索前行,使更多的师生因读书而进步,因读书而改变。

(四)遇见新教育,与幸福结缘

遇见新教育,我们收获着前所未有的幸福感;遇见新教育,我们发现迟到的开始也可以如此美好;遇见新教育,我们无限相信了孩子们的潜力;遇见新教育,我们与幸福结缘。"新教育"让我们对教育有了前瞻性,我们还需要再努力将"新教育"落实在每个学生心中——"静待花开"。

行走在新教育的路上,我们定会为心中企盼的"新教育之梦"的实现,付出我们的辛勤与汗水,挥洒我们的聪明与才智。让我们携起手来,为铸造我们完美的教育人生,而协力同心,无怨无悔,共同走向我们的"新教育之梦"吧。

**二、在读书中提升认识**

苏霍姆林斯基说:"一个学校可以什么都没有,只要有了为教师和学生精神成长而准备提供的图书,那就是学校了。"学校首先意味着阅读,因此怎么样评价阅读对于一所学校的重要意义都不为过。朱永新教授也曾说,一个没有阅读的学校永远不可能有真正的教育。基于此,学校秉承"阅读立校"的办学理念,将"营造书香校园"作为重要工作抓实。

(一)营造书香校园:汲取人类文明的平台

学校通过创造浓厚的阅读氛围,整合丰富的阅读资源,开展多彩的读书活动,让阅读成为师生最日常的生活方式。

1.营造书香环境

学校注重在文化建设中融入阅读因素,注重对校园环境整体设计规划,各楼层不同的阅读主题,对学生进行大量的阅读宣传。2015 年 4 月,随着著名儿童文学作家、新教育新父母研究所所长童喜喜老师的到来,不仅使全体师生和家长有幸聆听《共读共行新孩子》主题讲座,学校还获得了价值 10 万元的捐赠书籍。同时,学校更是倾力打造读书环境,使学生浸润在书的海洋中,幸福成长。这种干劲感动了社会公益人士,他们免费为学校筹款捐赠书柜。目前,所有教室都配备专用图书角,楼内设置了五个书吧,绘本馆命名为"恩德书屋"的学生图书馆全天开放。同时,在操场和校门外建立书吧,便于学生随手取书,随时阅读,徜徉于书香之中。学生浸润在书的海洋,无声中改变着学校的阅读氛围。目前,无论是在图书室,还是在教室,乃至学校的走廊、室外,书籍都能触手可及。全校师生漫步在书香浓郁的校园,与圣贤对话,和雅士交流。

校外书吧的建立,不仅便于学生家长在接送孩子时借阅,而且浸润着社区居民,带动了居民读书的热情,营造了浓厚的书香社会氛围。《天津日报》社、天津电视台等多家媒体曾给予报道。

2. 开展书香活动

通过开展活动来激发学生的阅读热情,推动阅读。比如,"书香润泽生命,暮省丰盈童年"校园读书节,使读书活动得到升华。在 4 月 23 日世界阅读日,学校联合社会组织——天津青少年活动中心,共同举办"童阅书香,涵养成习"经典阅读活动。家长与学生还共同参加了 2017 年书香天津名家讲座等系列活动。

有效的评价是推动阅读的重要措施。学校在每学期末都要进行书香班级、书香少年、书香家庭、优秀阅读日记、优秀阅读手抄报的评选。以此推动学生阅读。在班级和学校两个层面开展"家庭好书推荐会"和"亲子共读交流会"。一路走来,我们惊喜地看到,亲子共读让许多家庭有了共同的语言,共同的生活密码。

(二)倡导共读理念:编织共同生活的密码

童年的阅读,决定儿童之间的差距。学校开展家校互动、亲子共读,让学生和老师、家长都融入共读中来,每一段时间大家共读一本书,一起交流和讨论,共同编织阅读分享的生活。在共读的实践中,父母与老师成为学生的阅读榜样与伙伴。真正走进学生的心灵,避免成为"同一屋檐下的陌生人"。

学校通过家长信及微信公众号等方式向家长推荐了各年级学生适合阅读的书目,倡导家庭开展"亲子共读"。在每学期开学初,家长与孩子制定出本学期的"亲子阅读计划",依照计划进行"亲子共读"。学期末,各班开展"亲子共读好书推荐会"。各班家长进行本学期与孩子共读的交流,畅谈共读的收获与体会,并向其他家长推荐适合共读的书籍,使每个家庭都散发阅读的芬芳。在"书香里的蒲公英"活动中,三位家长代表面向全校师生及家长,做"亲子共读"的经验交流,使全体家长有榜样可遵循。

我们不仅倡导家庭阅读中的亲子共读,而且倡导校园里的师生共读,包括教师之间的专业共读,促使师生之间和教师之间的情感交流也得以实现,相互的认同接纳感增加,从而使得教育教学管理达到事半功倍的良好效果。我们共读了《致教师》《新教育生命叙事》等书籍。通过共读的方式,让每个人都能形成坚持阅读下去的动力,不断地共同分享讨论和深入触摸经典带来的愉悦与思考,建构每个人生命中必要的智力背景和基本的思维能力。这种必要的共读,让人能够得以真正窥得阅读的光芒,让人从对冰冷书本的疏离中渐渐喜欢上阅读,从而养成阅读习惯,使专业阅读成为师生的重要生活方式。

通过有效的共读,那些最重要的语言密码和价值得以传递,无论是父母与孩子,还是教师与学生、教师与教师之间,就不再是生活在同一个屋檐下的陌生人,而能够真正实现成为一个有着共同生命谱系的生活共同体。

(三)探索儿童课程:开启幸福童年的钥匙

"晨诵、午读、暮省",已成为恩小师生不变的生活方式,是学校探寻开启学生幸福童年的金钥匙。

1. 晨诵

晨诵,就是每天清晨用一首诗开启孩子生命中的每一个黎明。我们给晨诵取了一个非常诗意的名称:与黎明共舞。我们每天以 10 分钟的经典诵读开启一天的学习生活,细心筛选的国学经典、励志小段陪伴学生一天天成长,在书声琅琅中,我们看到了学生的点滴改变。目前,全校学生都会在晨读时间吟诵《三字经》《少年中国说》《爱莲说》等国学经典,让他们的生命在每天的第一时间得以舒展,灵魂得以灵动,师生共同传达一种愉悦、饱满的精神,并以此开启一天的学习。

2. 午读

午读,就是在每天中午学生阅读那些符合他们年龄阶段的书籍。

午间,每个学生都会选择自己喜爱的书籍静静阅读一小时,午休时间学生的面貌焕然一新,他们如饥似渴地吸吮着书中的营养。午休结束后还会聚在一起交流读书感受,一次班级读书反馈中,学生写出了这样的感受:"翻开一本《格林童话》,就像是让你走进了一个美丽的童话世界中,有着惊险刺激的场面,有着幸福美满的场面,有着……总之,一个个都是身临其境。有的时候,我会为悲惨的情节而流泪,然而我也会为坏蛋们得到应有的惩罚而开心。读书让我感受到了许多的情感,使我时不时地情绪化,给了我丰富的感情。"虽然语言很平实,但我们从中真切地看到了学生是将书读进了心里,读出了自己的体会,可见阅读真的是一种能力,拥有这种能力,就是拥有了最重要的才能。

3. 暮省

暮省,指的是学生每天在完成学业以后,梳理、思考与反省自己一天的学习生活,并且用随笔、日记等形式记录下来,同时师生之间也可以通过日记、书信、批注等手段,相互编织有意义的生活。学生对自己一天的生活进行读写绘,畅谈收获,反思成长。低年级学生的读写绘本五彩缤纷,他们也用自己手中的画笔描绘出了他们因读书而产生的无限遐想;高年级学生的阅读日记妙笔生花,通过他们的笔尖,一段段从所读图书中摘抄的好词佳句记录了他们因读书而积累的点滴成长。教师与学生用日记记录自己的成长,亲子之间、师生之间用词语相互激励、抚慰,成了新教育实验重要的组成部分,以及日常的生活方式。

（四）重视教师阅读：共享专业成长的乐趣

1.专业阅读——教师专业发展的基石

阅读专业书籍是与教育家对话，是增长教育智慧的途径。阅读经典，与教育家对话，是我们成长的基本条件，也是教育思想形成与发展的基础。在学校的带领下，各组老师进行的荐书活动、赠书活动；每位青年教师进行读书交流……这些都增加了我们阅读的智慧，从而把这种智慧运用到我们的教育教学中。

2.专业写作——在反思中成长

我们的教育生活是由无数的碎片组成的，这些碎片往往会形成零散的未经省察的经验，从而使我们的教育教学处于日常的单调重复；而通过专业写作，就能够有效地对经验进行反思，从碎片中提取有意义的东西并加以整合、理解，从而形成经过省察的经验，不断引导我们进行理性的教育实践活动。

教师们一次次学习、一遍遍反思，书写了对新教育的感悟、教育叙事、生命叙事等。无论是刚刚参加工作的青年教师，还是即将退休的老教师，都把对新教育的爱落实到具体行动中。

我们的新教育网站，经过老师们的书写，成为新教育的典范。老师们把自己在教育生活中发生的事情，以教育日记形式发在网站中。随时记录自己的教育生活。这种勤于动笔，勤于反思，也是新教育所倡导的，我们把点滴小事及感悟记录下来，这些都是我们形成自己教学感悟的真实素材。

3.专业发展共同体——打造教师成长的生态环境

一个人的摸索往往由于自身的思维见障而无法看清问题的本质，个人的反思也往往由于自身的理论功底而无法对自己导致问题的思维方式进行剖析。只有组成发展共同体，形成对话交流机制，在专业阅读、专业写作的基础上，借助专业发展共同体，才能有效提升自己的专业化水平。依据这个理念，我们多次开展了生命叙事的交流活动。在每位老师的生命叙事中，产生共鸣，共同学习与成长。骨干教师分别为大家做了新教育"师生共读"的培训。

在同伴互助交流中，使我们共同站在集体的肩膀上飞翔。

（五）打造智慧校园，创新新教育

十八大以来，习近平总书记关于科技创新的一系列重要讲话告诉我们，"科技是国家强盛之基，创新是民族进步之魂"。青少年是创新养成和发展的重要启蒙期和关键成长期。恩德里小学注重为学生播撒下创新的种子，为他们注入创新原动力，使创新因子镌刻在每个学生的骨子里，流淌在血液中，从教育的源头为创新型人才的培养奠定基础。

贯彻党的十九大精神，在"互联网＋"时代，2018 年我们又尝试将"恩·德"文化与"互联网＋教育"等先进技术手段相融合，致力于打造"智慧校园"。图书系统管理实行信息化，配置 24 小时自助借还书设备（图书漂流柜）等等，把智慧校园建设作为提升品质教育的切入点，构建起"两网两号一系统"，促进了学校信息技术与教育教学的深度融合、创新发展。学校将常规管理进一步数字化，校园 App 构建起"全程、全员、全方位"的学生综合评价体系，开发了"恩德里小学数字化学生成长册评价系统"，每学期收集学生学业、读书、活动、体质等多方面数据，全面对学生准确评价、科学分析、大数据预测以及个性化支持提供强劲的数据基础。

2018 年 3 月召开全市首个"彰显创新 乐享 STEM"第一届智慧校园展示活动。学校通过作品展示、教师论坛、音乐快板、专家讲座以及四位教师的 STEM 课程，充分展现了学校一年多的实践探索及成果，彰显了师生敢于实践、大胆创新的精神。学校获首届"童创未来"科技创新活动优秀组织单位。

STEM 教育提倡个性化和创造力的发展，同时也特别提倡学科之间的整合和融合，它可以锻炼学生的思维能力，保证其将来的可持续性发展。学校聘请北京师范大学博士给教师培训，购置《桥梁的设计》《制作喂鸟器》等课程的实验材料和教材，组建了 STEM 课程实验团队，一起协同合作，学习研究、积极实践。近一年，学校教师还自己研发了《风能》《桥梁的承重》《电池的原理》《制作水族箱》《我的彩虹瓶》等课程。

在主题沙龙环节,专家和学校 STEM 课程实施团队的教师进行深入交谈,几位专业任教 STEM 课程的教师从自己的教学实际出发,挖掘自身的教育故事,从新颖的视角展示了 STEM 课程的无限魅力。例如,曾参加美国 STEM 课程学习活动的信息技术教师刘文郑表示:"我将团队具体化,给出了学生一些具体的职业。让学生根据自己的情况进行职业选择,不同职业的同学组成一个团队,各司其职地进行项目的研究和开发,最后共同享受项目成功的喜悦。"数学兼 STEM 社团活动组的胡俊佳老师谈及 STEM 课程给自己和学生带来的改变时动情地说:"通过 STEM 课程,同学们学会了在遇到困难时主动寻求同伴的帮助,体验到解决问题后带来的快乐,这对于学生来说是最幸福的事情了!"同样,科学教师刘畅认为 STEM 课程不仅打开了自己的教育视野,拓宽了教育理念,还给学生充分的想象和创造空间,在做中学,在学中思。

确实,学生通过 STEM 课程综合素养得以提升。听,他们通过"音乐快板"的形式诉说心声……

自主探究加创造,课后钻研重体验。

勤学善问敢创新,各门学科我实践。

校本课程创特色,融会贯通勤积淀。

德智体美齐发展,活动丰富乐无边。

和谐校园共畅游,齐心协力奔向前。

之后,学校开设了《会飞的飞机》《声音是怎样产生的》《DNA 的神奇结构》《降落伞》四节 STEM 课程,让大家更好地认识了 STEM,增强了在科学教育中进行跨学科教育的实践主动性,推动了小学开展 STEM 教育活动。

STEM 教育育硕果,人机共生谱华章。一个真正以人为本的信息时代,应该是一个"人机共生"的时代。新时代,召唤新作为,恩德里小学也将继续努力筑造一个人机共生、人机共教的新家园。

2018 年 12 月 STEM 世博会在天津举办,我们作为河西区唯一一所小学参与展示活动。其间,在徐梦梅的带领下刘文郑、刘畅两位老师做了两节课。

胡俊佳、张妍两位老师参与其中。

行动，就有收获；坚持，才有奇迹。在"营造书香校园"实践与探索的路上，我们砥砺前行，只为让阅读在师生的成长旅程中播下幸福的种子。

# 第四节　强化课堂主阵地作用，切实提高课堂教学质量

课堂是学校教育教学工作的主阵地，学生知识的获取与能力的提高基本上是在课堂内完成的。任何一种旨在改革教学活动的研究和实践，都直接或间接地指向课堂教学效率的提高。

《中共中央、国务院关于深化教育教学改革全面提高义务教育质量的意见》特别强调，要重视强化课堂主阵地的作用，切实提高课堂教学质量。可见国家对课堂教学效果、教育教学质量的重要性。

## 一、切实提高课堂教学质量

我们理解课堂是教育的主阵地、主渠道，就是一定要创新教育教学方式，变单纯的满堂灌、填鸭式教育为启发式、互动式、探究式，推进课堂革命，让学生在学校在课堂上学得活一点，实效大一点！

那么，什么是课堂教学效率呢？这是大家都十分熟悉而又颇感困惑的概念，因为影响课堂教学效率的因素错综复杂。其实，考察课堂教学效率，可以从目标达成性和时间规定性两方面入手。一般认为完成一定的教学任务，所用的课时越少，课堂教学效率越高；而在一定的课时内，学习的内容越多，学生的收获越大，课堂教学效率越高。可见，课堂教学效率是关于学习收益与教学时间的综合概念。诚然，影响课堂教学效率的因素很多，既有人文性因素，又有科学性因素。不过，根据唯物辩证法"矛盾及矛盾双方地位不平衡

性"的原理,我们认为提高课堂教学效率的关键是了解学生。

1.重视课堂,回归课堂

不是我们课堂不好了,只是我们把以前的课堂丢了,所以要让课堂返璞归真,强化重视课堂主阵地作用。当下有些教师课堂教学效率不高,归根结底还是老师思想保守,不重视,理念不先进造成的,也有些老师仍存在上课不讲下课讲的情况,所以课堂效率低。

也有些地方福利待遇补助等配套政策跟不上,导致老师敬业精神、师德品质急剧下降,在课堂上出现"当一天和尚撞一天钟"现象,所以充分发挥课堂主阵地作用,提高教学效率是当前教育的当务之急。

2.关注学生,以生为本

课堂的主阵地是谁,肯定是学生,要以学生的学情为出发点,不断激发学生潜能,不断培养学生行为养成习惯,学生俨然,也必须成为课堂的小主人。这样的课堂才会动起来、活起来、趣起来,学生才会乐学,乐思,乐动!

为什么说提高课堂教学效率的关键是了解学生呢?这是由课堂教学的本质所决定的。新课程教学理论认为,课堂教学的本质是由教师组织学生进行有目的、有计划的有效学习的活动过程。第一,它是一种涉及师生双方的活动过程,突出了它的实践性。第二,它是一种学习的活动,突出了它的主体性。第三,它是一种由教师组织的有目的、有计划的学习活动,突出了它的指向性。第四,它对教师的组织形式没加任何的限制,这就意味着凡是有利于学生学习活动的进行,且能够收到切实成效的手段,教师都应该利用,突出了它的多样性。因此,教师是课堂教学的组织者、指导者,学生是课堂学习的主人。要使学生在有限的学习时间内获取最大的收益,教师就必须不断地优化组织学生学习的形式,使之最大限度地适应学生学习的需要。而教师要做到这一点,就必须充分了解学生。

了解学生的学习现状。它包括了解学生的学习成绩、学习兴趣、课堂纪律、参与习惯、阅读范围等。只有这样,我们才能掌握学生的实际学习水平,才能把握学生学习的倾向，才能增强学生学习的自觉意识，使他们在单位时间内获得最大的收益。

了解学生对本学科的了解程度。就具体的每一门学科的教学而言，我们必须了解学生对该学科的了解程度，即学科知识的基础。只有这样，我们在设计学习方案时才能准确地定位，才能使所设计的学习方案最大限度地适应学生的学习需要。

了解学生对本学科的期望值。如果期望值过高，往往会使学生对学习产生失望的情绪；而期望值过低，则会使学生对学习缺乏内动力。所以，教师的责任就在于了解学生的期望值，充分利用"最近发展区"原理，不断激发学生的学习兴趣。

了解学生对教师的评价。作为教师，我们只有经常不断地了解学生对自己的教学特点、讲授方法、理论水平、工作态度、人格品质等方面的真实的评价，才能不断地调整自己的教学策略，弥补自己的知识和能力的缺陷，完善自己的品德修养，增强自己的人格魅力，进而使自己的学生因"亲其师，而信其道"。

3.观念转变，势在必行

学生都成了课堂的主人，教师还沉寂在满堂灌中，这样肯定是不行的。

教师有了新使命，就是如何驾驭新课堂，不断提高自身素质，让这些小主人发挥"当家"的才干，教师转变理念，与时俱进，改革创新，用一些新理念、新方法、新手段、新工具，和学生打成一片，这就要求自己注重启发式、互动式、探究式教学，和学生共参与、共探究、共成长。

4.教育新模式应运而生

苏霍姆林斯基说："在教学设计时，如果在自己的眼前没有出现那些机灵的、思路敏捷的米沙和那些头脑迟钝的、理解能力很差的柯里亚的形象，那么这种备课只不过是进行抽象的理论推敲而已。"因此，一节课的教学设计的展开，教师不仅仅是看教材，更重要的是看学生，要用学生的眼光来读教科书，要看学生想知道什么，能知道什么。

新模式要求,学生自主合作探究,打破课时,重构知识体系。要求老师积极引导学生主动思考、提问、质疑、反思。

深化课堂教学改革,提高教育教学质量,就必须用新工具模式来支撑。优秀的、高效的课堂教学模式,是不断在课堂主阵地实践研究的结果。

面对新一轮课程改革,各种形式的公开课让教师目不暇接,各种报刊刊登的教学设计令教师眼花缭乱。但我们一定要注意:不同的学校,相同年纪的学生不一样;同一所学校,相同年级不同班级学生也不一样;同一所学校同一个班级,不同的学生也不可能是一样的。教师所做的一切归根到底是为了促进学生最大限度地发展,教学设计要站在学生的角度,以学生的已有经验为起点,要让学生通过智力活动获得对知识的重新建构。我们没有理由把别人的教案直接搬进自己的课堂,我们没有理由把别人的经验直接完全移植进自己的教学中。我们要移植别人的思想,向优秀的教师学习理念,但要结合自己的长处,面对学生的实际,寻找适合自己学生的教学设计。

同时,好的教学模式是经过教师不断打磨实践的,这就要求教师要不断提升自我,完善自我,这些新模式,必定成为提高课堂教学质量的助推器。

**二、运用好课堂教学策略**

课堂运作策略到位,师生全身心投入,教学就会成为师生享受的过程。反之,课堂运作策略不到位,学生游离在课堂之外,课堂就会成为束缚学生思维的场所。那么,课堂运作需要哪些策略?

1.平等、平和、尊重

一次听课,有位语文教师在黑板上写了错别字,一节课都没有学生指出来。事实上不是学生没发现,我旁边的女生就悄悄说:"哎呀,老师写错字了。"我悄声问:"你怎么不告诉老师?"她说:"老师好凶的,不敢讲。"

如果不能平等、平和地对待学生,就会错失许多东西。教师对学生的尊重和欣赏,学生能感受到;教师对学生的斥责和嫌弃,学生也能感受到。教师如果不把自己当作权威,不高高在上,而是平等、平和地对待学生,学生就愿意与你沟通，有不同想法自然也愿意与你交流。

记得一次听骨干教师讲《雷雨》一课，她对学生们提出一个问题：雷雨之后，出现了怎样的景象？学生纷纷从课文中找答案，"雨停了""太阳出来了""蝉叫了"……她知道学生在这个问题上没有任何困难，就想把教学推向下一环节。

此时，有个男生一直举着手，这位老师问他有什么问题。这个男生说，刚才的"雨后景象"问题他还想回答。其他学生叽叽喳喳地说："我们早就回答过了，现在都应该学别的内容了。"这位老师看这个同学一直举着手，就给他表达的机会。于是就对其他学生说："这个同学很想说说自己的想法，我们听听他想说什么，好吗？"这个男生说："我觉得雨后的景象就像一首小诗里写的那样——雨过天晴白云飘，蓝天架起彩虹桥。赤橙黄绿青蓝紫，数数颜色有七道。"此时，学生都鼓起掌来。这个男生将一年级学的儿歌与二年级的学习内容联系起来，找到了新旧知识的联系点，这让他有了表达的欲望。

事后我常常想：如果对学生不尊重，如果没有给学生创造平等、和谐的课堂氛围，学生就不愿也不敢争取表达自我的机会，课堂就很难有这一份意外的精彩。

2. 允许犯错，没有嘲笑

教师要表扬学习态度认真的学生，绝不能随意批评答错的学生。学生可以说错，但教师必须永远捍卫学生表达的权利，给学生营造安心的学习氛围。

学生的想象力丰富，语言有时也很独特。许多时候，教师没想到的内容，学生却能想到。教师要让学生放心去表达，要让他们明白即使讲错了，老师也不会责备，同学们也不会嘲笑。

我常对老师们说："正因为学生会出错，所以才会到学校来学习。学生若不会犯错，还用学习吗？教师也会犯错，何况是学生呢？我们作为教师要感谢那些犯错的学生，因为他们让我们知道，学生在哪里容易出现错误，我们应该如何避免犯同样的错误。"

### 3. 听很重要

听是一种美德，更是一种能力。没有学生的听，教师的讲、学生的说就失去了意义。课堂教学中，不少教师只关注学生说的状态，没有关注与此同时其他学生听的状态。

学生倾听习惯的养成不是一蹴而就的，需要长期、细致的培养。在课堂中，教师不能泛泛地只对学生说"要认真听呀"。教师要对学生提出具体可行的倾听要求：看着他，眼睛要跟随；认真听，思考他说的内容；适时点头回应，听到最后……

教师在课堂上要表扬认真倾听的行为。小组比赛时，有些教师总关注、表扬胜出者，忽视倾听者，我认为教师更要注重表扬倾听者。组织口语交际时，讲得好的学生得一份奖励，而听得认真的学生也应该得到奖励。

### 4. 学会等待

有些教师一提出问题，就问"谁想好了""谁来回答"。结果长此以往，几个思维敏捷的学生霸占了课堂，其他学生得不到真正的锻炼。

我认为，师生要共同学会等待。教师学会等待，给学生静思默想的时间，让学生组织语言；学生学会等待，让发言的同学一边说一边不断完善自己的思考，修正自己的语言。课堂上，学生出现不良情绪、产生逆反行为时，教师也要学会等待。等待学生疏解自己，等待自己找到应对的方法。教师要学会等待，等待学生的醒悟，等待学生的成长。

### 5. 不表扬孩子的聪明

我经常强调，教师在课堂上不要表扬孩子聪明，更多表扬的是学生积极努力的思考，其实就是学生后天的努力。在课堂上，我校教师经常用的评价语有：这节课，你很用心听老师讲课；这节课，我发现你努力想办法解决这个问题；今天，你写字注意了横平竖直、起笔收笔，真是不怕辛苦……

表扬先天的优点，教育的意义何在？只有表扬后天的努力，才能让学生真正明白成长的方式，才能让他们取得更大的进步。

6.多样的激励

有些教师认为自己班的学生"油盐不进"，没有任何办法能够激励他们。其实每个人都渴望被欣赏，如果教师的办法不能激励学生，那一定是这些办法没有满足学生的需要。

某个班上有两个好动的学生，常常管不住自己。一次上课，班主任对学生说："这节语文课，你们如果管住自己认真听，下课时我让你俩先去玩。"因为他知道班上的男生都爱下象棋，下课后先去"抢"象棋。果然，这两个男生那节课上得非常认真。所以，教师要善于观察学生，明白学生的需要，了解学生的兴趣。课堂运作策略得法、到位，学生的思维被点燃，学习的热情高涨，教师也会获得极大的成就感，从而与学生一起成长、进步。

教学中注重在细化各学科的教学模式的基础上，不断开展高效教学活动，结合教师需求，开展了"在实践中反思 在反思中探索——小课题研究"，进一步引领教师深入思考，促使教师业务水平得以提升。在学校教育活动中注重以德育人，强化实效。严抓师德建设工作，开展系列活动，极大地提升了教师的师德素养，同时高度重视骨干教师及青年教师的培养工作，做实、做细。通过师徒结对，外出学习，专家引领等形式，促使青年教师素养的快速提升。组织全体教师积极参与课题研究，提升科研水平。克服多种困难，实施"快乐三点半"，为学生提供快乐学习和健康成长的教育场所，促使学生的人格得以完善，良好的习惯得以养成，更好地解决了家长的后顾之忧，努力将普通学校办得不普通。开放育人渠道，积极引入大量师资，全校 15 个班开设了三十多门活动课程。在减负同时做足加法，发挥多方力量，结合学校自身实际，不断开发了《培养卓越口才》《天津快板》《习惯成就未来》等七本校本教材，促进了学生的个性与全面素质综合发展。对全校学生开展书法特色教育，普及书法知识，弘扬书法文化，推进书法教育，进而传承与弘扬中华民族传统文化。营造书香校园，通过"晨诵、午读、暮省"使恩小师生品味书香；通过"亲子共读"，提升学生家庭素养。

第三章
智慧教师,德艺双修

长期以来，广大教师贯彻党的教育方针，教书育人，呕心沥血，默默奉献，为国家发展和民族振兴做出了重大贡献。习近平总书记曾经强调，教师是人类灵魂的工程师，是人类文明的传承者，承载着传播知识、传播思想、传播真理，塑造灵魂、塑造生命、塑造新人的时代重任。全党全社会要弘扬尊师重教的社会风尚，努力提高教师政治地位、社会地位、职业地位，让广大教师享有应有的社会声望，在教书育人岗位上为党和人民事业做出新的更大的贡献。

# 第一节　让教师在快乐工作中做最好的自己

　　三尺讲台，关乎未来。小而言之，关乎一个学生的未来，大而言之，关乎一个民族的未来。

　　传道、授业、解惑是每位教师的职责，启迪智慧、激发创造、塑造人性的真善美是我们不懈的追求。我校始终以办人民满意教育为出发点和落脚点，以为学生成长铺路，为终身发展奠基为办学理念，深化改革，强化管理，优化队伍，加强"七层级金字塔型"教师人才梯级培养，着力构建良好的教育生态体系，优化教师队伍结构，造就了一支务实、创新、开拓、奋进的干部教师群体。

我们的老师 100％大专、大本学历,其中有三人在读或已取得研究生学历。市、区、校级骨干教师占教师总人数的 46.67％。目前学校已有希望之星四名,教坛新秀一名,区学科带头人一名,市级学科带头人一名。我们用科研助推教育质量再上新水平。学校独立承担国家级课题一项,参与国家级课题两项,市级课题一项,教师教科研参与率 100％。

在师资队伍建设中,我追求的是打造幸福的教师团队。"幸福"是一种感受,来自每个人的内心深处。如何做一名幸福的教师,其实没有什么固定模式,同样的工作经历、工作环境、工作方式、工作效率、工作效能,但带给每个人的幸福感是不同的。

作为一名校长,要让学校的老师们在快乐中工作,做最好的自己。

每年元旦,学校开展庆元旦工会活动,向一年来辛勤工作在各岗位的教师及支持学校工作的教师家属们表示衷心的感谢和最诚挚的问候。活动中,学校还会邀请专业人士给大家做素质拓展活动,为教职工提供放松身心、交流情感、共话发展的良好空间。

教师们组建小组,设计队旗彰显了各组老师的智慧,在盲人摸象、旋转风火轮等团队拓展活动中,不时传来阵阵欢声笑语。教师充分发扬团结协作、积极上进的精神,整场活动紧张激烈又趣味横生,现场热闹非凡,气氛活跃,有胜利的喜悦,更有锲而不舍的坚持和团结协作的执着。

每年三八妇女节,春意盎然之际,学校都会为女教师开展温馨的活动,比如"致敬恩德最美女神"活动。活动包括了科学调压,愉悦生活——女神心理之美;体味幸福,言从心生——女神职业之美;笑靥如花,自信绽放——女神形象之美。丰富多彩的活动,充分展现了学校女教师乐观开朗、奋发向上、团结幸福的精神风貌。

中秋佳节,全体教职工欢聚一堂,举办联欢会。联欢会节目精彩纷呈,气氛浓郁热烈,教师们在歌舞诗画中,感受艺术魅力,更在欢笑声中体会到亲如一家、团结和谐的幸福。

老教师退休了，我们会为他们举行隆重的退休教师欢送会，从工作、生活的点点滴滴回顾从教历程，校领导对他们多年来的工作给予感谢，行政组的老师们分别以京剧、小品、歌曲等方式向他们送去祝福。这样的活动也会让年轻的教师感受到职业关怀和温暖。

正是有了这样的文化氛围，每当学校遇到突发事件，老师们最先想到的是学校。例如某年暑假连续几天暴雨，学校积水严重，很多老师放弃休息，自发来到学校，帮助学校解决燃眉之急；每当学校接到重要任务，从学校行政班子到每一位老师都能以学校大局为重。例如11月份迎接市里对学校课后服务的调研，时间紧任务重，连续一周，很多行政和教师加班加点直至晚上七八点，就是为了呈现最优质的解说路线。临近期末，每天放学以后，我都会看到很多老师为学困生补课的身影，他们放弃休息，关爱着每一名学生。

教师节，学校会为教师精心打造"恩德最美教师"活动，由学生和家长参与评分。

四年一班语文课上发生了感人的一幕，让这个小小的教室里装满了浓浓的温情：刘老师带病坚持给学生讲课，时而停下来擦汗、喘粗气……不时有学生问问题，刘老师都耐心讲解。

像刘老师这样的教师，在恩小还有很多很多，他的感人一幕仅是恩小教师团队的一个缩影和写照。"春游活动中，一年级有个学生水壶里的水喝完了，老师悄悄为学生买水喝，解决了难挨的口渴之苦；体育课上，有一个学生不慎崴脚了，老师就把学生从操场背到了三楼教室；发现学生不爱读书，总喜欢打逗，班主任每天中午陪学生一起读书，一读就是三个月……"这些例子都是在学校评选"恩德最美教师"的家长反馈表中发现的。

在恩德里小学，涌现出一批优秀的教师。在此采撷的只是教师百花园中的一二。

**一、孟庆翔：爱在点滴 青春无悔**

曾几何时"春蚕到死丝方尽，蜡炬成灰泪始干"已成为辛勤园丁的格言。

教师这个职业虽然平凡,但不平庸。习近平总书记指出:"做好老师,要有理想信念;做好老师,要有道德情操;做好老师,要有扎实学识;做好老师,要有仁爱之心。""四有"好老师是党和人民对教师的殷切希望,是当今时代对教师的崇高要求。

踏上讲台已六载,时光在绘声绘色的课堂中滑过,在埋头批改的笔尖中滑过,在与学生共同成长的岁月中滑过。在不断地摸索实践中,我找到了属于自己的工作宝典——那就是一颗仁爱之心。一切因爱而生,一切从爱出发。我深深地热爱着这个岗位,这里就是我梦想起飞的地方。

(一)只有付出爱,才会感受爱

在参加工作的第四个年头我即将为人母,这对全家人来说是一个喜讯,但是强大的工作压力,家人又不免为我担心。怀孕的第一个月恰逢学校接受市级现代化学校验收复查,大课间活动是重要的展示窗口,班主任随着学生一起跑操是一道亮丽的风景线,我并没有把自己怀孕的消息向大家说起,而是跟着队伍慢慢跑着,一步也没有落下,没有成为学校的特例。日子就这样一天一天地过去,妊娠的反应也越来越强烈,但我没有耽误一天工作,除了必要的检查外,从没请过一天假,始终坚守在自己的岗位上。

临近期末,正值春夏传染病高发期,班里的三个学生不幸得了传染病——水痘和猩红热。家人劝我提前休假,怕出状况,可我想到努力了一个学期的学生,想到家长对孩子的期待,感到肩上责任的重大,最终我还是决定坚守岗位,和学生一起奋战到期末。接下来的每一天,为了不让更多的学生病倒,我来得更早了,拖着九个月的身孕,为学生用消毒水里里外外地擦拭,课间用紫外线灯杀菌,中午监督在校吃饭的每个学生洗手消毒。可是事与愿违,在离期末考试仅有三天的时间,我还是被确诊染上了水痘,面对来家探望的校领导我感觉暖流如潮,我遗憾地说:"距离期末考试只有三天了,本想坚持到学期的最后一天,可还是未能如愿……"要好的朋友心疼地说我有些傻,为什么不早些请假休息?听了她的话我只是笑笑,我觉得这种傻或许就是对学生的一种负责，就是对教育事业的一种热爱吧。当产假归来，刚进校门，学生们争先恐后地围过来，嘴里喊着"孟老师回来了!"看见他们簇拥在我身边，我越发觉得那份坚守是值得的。

（二）细微之爱，成就孩子一生

为人之母的我，对学生的爱又添加了一份宽容和耐心。当他们犯错误时，我会诚恳地指正；当他们身体不适时，我会像妈妈一样去关心；当他们遇到困难时，我会伸出热情的双手给予帮助。

今年我担任二年级的班主任工作，接班两年来，在我眼里每个学生都是一个天使，面对着每一张充满稚气的面庞，我都有一种分身乏术的冲动，恨不得将自己分身成三十朵花瓣，每一瓣用来呵护一个孩子。他们每个人是我的三十分之一，但对于每一个家庭来说，孩子却是父母的百分之百！班上的小昊近期常常蹙着眉头，似乎总是心事重重，学习也直线下降，一次课下的交谈中小昊同学告诉了我埋藏已久的心事，爸爸妈妈一直因为家务闹离婚，不休的争吵使幼小的心灵蒙上了阴影。我了解情况后试着找到了小昊的妈妈，讲了孩子最近一段时间在校的变化，建议他们从孩子成长的角度，好好商谈，维系家庭。令我欣喜的是小昊的父母终于重归于好，久违的笑容又重新回到了小昊的脸上，我也为自己的付出感到无比的欣慰。

集教师与妈妈于一身的我，用心观察着学生丰富的面部表情，感受着他们稚嫩的言语，分享着他们进步的喜悦。透过师爱的细节，我也收获着教师的那份职业幸福。一分耕耘，一分收获，我以自己的方式爱着我的学生们，因为我知道只有付出无尽的爱，才能让学生们健康地成长；只有付出无尽的爱，才能承担起这份神圣的使命；也只有付出无尽的爱，才能骄傲地对自己说，"爱在点滴，青春无悔"！

**二、胡俊佳：缘分，让我们相遇，相聚**

2015 年 8 月份我顺利进入小学数学教师的行列，并且第一次当上了班主任，更让我喜出望外的是学校已经加入了朱老师的新教育实验学校。能够当上小学数学教师是我孩提时的梦想,能够成为班主任是我初为人师的最高要求,现在我这两个愿望都在同一时刻实现了,我不得不纪念我 30 岁这个人生的转折年。为此我会在学校先进理念的指引下,踏上新教育新实验学校漫漫征程,开始我教育人生新的旅程。

回顾 2015,我的教师工作可以用下面几个字概括:幸福地忙着。开学伊始,当我第一次走进班里,和四年级二班每个同学目光相对的时候,除了内心的激动,更多的是在我的心里埋下了信心的种子。同学们放心吧,我会让你们有一个不一样的未来。

身为应用数学专业毕业的老师在阅读和写作方面,相对于文字精通的汉语言文学专业毕业的语文老师,在语言功底上有相当的差距。但是朱老师说过:"好的数学老师不是简单的教给孩子 1 加 1 等于几,他应该懂得数学发展的历程,应该懂得数学的哲学,数学的文化。"我除了阅读《小学数学教育》《数学发展史》《数学的哲学》等相关的专业书籍外,勤于笔耕,攻心于写作,写反思,写对生活的感受等,渐渐的我的书面表达能力提高了,数学的文化也了解的深了,为自己成为一名研究型的教师做好准备。"一个不爱阅读的老师,很难培养出爱阅读的学生"朱老师这句话已经成为我刻苦阅读的座右铭。无论何时何地,书包里总是备上一本书,让我惊喜的是我总能在很短的时间内沉浸其中,半年来我已经爱上了阅读。身教胜于言传,在我们的教室渐渐发生了一件事,那就是我们四年级二班每个学生都爱上了阅读。

由于身为新教师,2015 年的后半年里对同学们阅读的指引还有待提升。但是我在努力地做好让他们多读书。大课间,我会选择一本同学们看得频率比较高的书籍坐下来阅读,这时他们就会一个、两个、三个地在我身边围成一圈。他们会问我很多问题,给我讲书中的故事,问我喜欢阅读这样的书籍吗?每每此时我内心中充满一股暖流,并且我会表情夸张地说很喜欢啊。他们也非常高兴地和我一起读这本书,各抒己见……这样的日子虽不多,但我感到很幸福,一种从内心说不出的幸福感。我只想永远把自己和学生圈在一个书籍的星球当中……让我们永远在享受阅读的快乐,还有阅读带给我们内心的宁静,那是何种幸福?

理想付诸行动不再是空想,成功人物都是伟大的行动家。目前我虽然阅读还少,知识面窄,但是时间就像海绵里的水,只要是挤总会有的,老天不负有心人,除了自己阅读的时间外我总能找到和学生一起阅读的快乐时光。

每周一次的午间看饭,是我最喜欢的日子。因为这段时间是我和学生"说了算"。每次我走进这间教室,他们都知道"三光老师"(我给学生规定吃饭三光,饭光,菜光,汤光)来了。有好几个调皮的学生会跑到我跟前说:"胡老师,今天是您看饭吗?"我也调皮地说:"是也,是也,是吾也。"他们会又蹦又跳地跑开了。其实,我了解为什么他们喜欢我看饭,因为吃完饭,接下来我们总会一起享受阅读的美妙时光。情景总是这样:一个老师拿着一本书在中间,很多学生围上至少三层,他们为了都能近距离地和老师一起讨论书中的故事,在每次我换了一本书后,他们会有序,很安静地换位置,生怕吵同学和老师。

上面就是我半年来的阅读故事,我能做到的就是有耐心、有毅力地和学生一起幸福地走过了半年。现在每每回想起来,心中的喜悦难以形容。

半年里除了阅读带来的快乐之外,在帮助问题学生方面,我自己也做出了努力。

班上的问题学生几乎令每一个老师头疼,他们也不时地向我告状。但我不知道为什么,我偏爱着这几个问题学生。朱永新老师说过:"一个问题孩子的背后,肯定有一个问题的家庭。"我带着对孩子的爱和他们父母的帮助,在经过一番"针灸"之后,问题孩子一个个地被我"治"好了。

第一个是名副其实的"捣蛋王"——上课接话茬,小动作多,下课疯跑,不小心碰撞到同学也不会说声对不起,要是同学告他状,当着老师的面他就反驳……可是这些我认为不算什么,我认为他只是比其他人调皮了一点点,不守规矩了一点点,只要我耐心教导,他肯定能变好。两个月来我和他讲过很多大道理也批评过他几次,结果是白费力气。于是我没有了耐心,想放弃,哭过很多次,每天回到家想着怎么办。后来我了解到他家庭的特殊,父亲忙于工作,没有时间照顾他学习。在和他的父亲谈过几次心之后,他的父亲换了工作,有时间照顾孩子了。我每天也让这个同学1点进校,并陪他一起阅读。过了一段时间,英语老师夸他变了很多,我也感觉他进步了。看来我的方法起了效果。现在某些时候他的问题会反复,但是我坚持用我的耐心和爱去感化他,现已经不再是问题。

第二个是被公认的"品质不好"的学生。当班主任第二天,他中午打饭和同学之间发生了矛盾,就赌气不吃饭,一个人回到了自己教室。我记得我一连问了他好几句话他都一直在哭,不和我交流。当时,我立刻认识到自己的失败,我也哭了赌气说不想吃别吃。说完此话我立刻感到后悔,后来我把自己的饭给了他,他不吃。在穷尽了所有办法后,我求助了他的父母。他的父亲来到学校之后,二话没说就是一顿打骂,打骂完事之后,这个学生把饭吃得精光,哎……通过家长我了解到,这个学生从小学一年级就让托管班管理基本的生活、学习,没有文化的父母给他的只有呵斥和打骂。后来我终于理解他遇到事情,情绪波动那么大的原因了。其实,都是父母和老师的错。从那以后我除了告诉自己以后要多多理解孩子,多站在他的角度考虑问题外。有一次,我去了他们家里,和他的父母促膝长谈到很晚,他们答应我以后不会再打他,而且会关心他的学习,每天来接他放学。这也算我对学生目前状态的一个交代,还好,这个学生从那以后很少出现情绪上的波动了。

第三个(他不是问题学生,而是唤醒我开始阅读的小老师)我是在课堂上认识他的。我很喜欢他在课堂上问我问题,可惜每节课只有40分钟,要不我会和他一直聊下去。我很欣赏他对问题的独特见解。我清楚地记得:那一节数学课,一个几何问题,他问到了八年级的水平。从那一刻起我开始佩服他,基本每次课堂我都会提问他,表扬他对问题深刻的见解,他对自己越来越有自信。家长告诉我,孩子每天盼着来学校,看来我的教育又起了积极作用,我好开心。

再回首，曾经的沧海桑田和收获，都将化作我前进的动力，成为我未来路上宝贵的实践经验财富。展望明天，我充满信心和期待，关注每个学生的发展，为我们四年级二班幸福的生活再续新篇。让每个学生今天以我们教室为荣，明天（曾经的教室）以他们为荣的目标，前进，前进，再前进。

**三、"恩德最美教师"风采**

宋春青：

走进教室，望着那一张张天真无邪的笑脸，看着孩子那求知若渴的眼神，听着下课后和老师一起谈笑风生时稚嫩的话语，一切的一切，就像一道美丽的风景线，在她心里荡起层层幸福的涟漪，让她忘记了年龄，忘记了烦恼，忘记了劳累，开心快乐地工作着。她就是"恩德最美教师"宋春青老师。

踏上讲台，她对同学们说："课堂是你们学习的天地，你的地盘你做主！你们要大胆地质疑探究，敢于向老师质疑，敢于向权威质疑！试一试，你们能行！"于是，合作研讨渐成习惯，质疑探究成为模式。学生创新的火花在碰撞中闪烁出智慧的灵光，在求知的道路上幸福的成长。

王爽：

她的脸上总是带着浅浅的笑容，和学生在一起是她最快乐的时光，她的课堂上总是充满着学生求知的渴望，和蔼可亲、循循善诱是她的一大特点，她就是学生最喜爱的王爽老师。学生们爱她，是因为她和学生是知心朋友；同事们爱她，是因为她是奋发有为的青年教师；家长们爱她，是因为她会真心对待每一位学生，让家长放心。她是大家心目中的最美教师。

朱琳：

做一名教师，不仅要有最起码的教师职业准则和较强的专业知识，最重要的是要有一颗装有满满师爱的心。当看到在自己的耐心教育下，那些暂时落后的学生在逐步好转时，心情就会无比地愉悦。愉悦的心情一定会让我们创造出阳光的课堂，教出幸福的学生。

常乐：

每天常老师都带着饱满的精神走进校园,以严谨的态度对待日常工作。在教学中积极思考,通过不断了解学生们的学习情况与不同的接受能力,不断地探索出一些比较适用于各段学生的教学方法。常老师的英语课上得有声有色,深得学生喜爱。她注重让学生在创设的情境中自然习得语言,不断培养学生主动自发的学习意识,使英语学习能力与成绩稳步提升。常老师用自己的善良和智慧,让学生体会到温暖,树立学习自信心,建立良好的学习氛围。

在班级管理中,常老师抓住一切机会教育学生团结友爱,教会他们互帮互助。处理问题公平公正。课上课下关心学生的生活琐事,学生们经常把在学校里感受到的这份师爱带回家分享给家长。常老师不仅收获了学生的喜爱,更得到了家长的信赖。她在接班的第一时间就建起班级微信群,把学生在校情况、布置的作业一一向家长说明。特别是对个别学生,更是一遍遍与家长找差距、讲方法、抓重点。与家长进行耐心沟通,形成联盟式的合作关系,取得了非常好的教育效果。

常乐老师说:"作为一名教师很幸运,作为一名交流到恩德里小学的教师更为幸运。"因为在这里常老师感受到了恩小大家庭的温暖,她也会用自己的热忱去鼓励教育更多的学生,帮助恩小的学生闯出一个更加精彩的未来!

董丹丹：

董老师作为学校里的一名青年骨干教师,对待学生始终保持着不变的耐心、关心和爱心。由于对工作的一丝不苟、扎扎实实,董老师取得了领导的信赖和学生的爱戴,连续四年被评为河西区优秀中队辅导员,所带的班级被评为河西区优秀雏鹰中队和文明班集体,所撰写的论文多篇获国家、市、区级奖项。她的英语课生动活泼,颇受学生喜欢,在河西区小学第十四届和第十五届青年教师创优课比赛中均获二等奖的好成绩。

在班主任工作中,董老师坚持用爱心浇灌成长,她和班里的学生一起学习进步。工作之余考取了天津师范大学在职硕士研究生,她将学习到的理论知识运用到自己的班级管理和教学工作之中,坚持"严格要求自己,宽容对待别人",以此作为自己的座右铭。在课余时间她积极与家长配合,及时发现问题,解决问题,注重培养学生养成良好的礼仪、行为、学习、卫生好习惯,让好习惯成就学生的大人生。

邵宇萌:

她的微笑让人觉得自然、舒服;她的声音让人觉得亲切、温柔;她对工作的热忱和细心,让人时刻感受着恩小的正能量,这就是青年教师——邵宇萌。

邵老师平日里对自己的学生要求非常严格,但严格中彰显真爱。在她的班级里,我们可以看到教室干净整齐,环境素雅温馨。班里的每一个学生,都在她的带领下懂得了什么叫自觉,什么是乐观,怎样去感恩。她对学生的关爱体现在生活中的点点滴滴。记得有一次,班里一名同学的羽绒服破了一个洞,邵老师就临时用胶布给学生填补好,并嘱咐学生回家让家长尽快修补,这样的小妙招也得到了家长的赞许。邵老师总结到,只要是用心去对待学生,他们就会慢慢体会到老师的爱。在教学上,邵老师也非常严谨、有耐心。面对学习有困难的学生,她总是不厌其烦地利用课余时间进行补习,班里的一名女生学习成绩不理想,邵老师就和班级的其他任课教师一起轮流在放学后为她补课。班里的一位学生家长曾说:"邵老师对待学生很温和,是一位非常有爱心、特别细心的老师,能够遇上这样的班主任,我们觉得很幸运。"

此外,邵老师还力求自身的多方面发展,曾在河西区的高效教学论坛演讲比赛中获得一等奖,师生国学论坛中荣获特等奖,参与制作的微课、教学论文也取得了二、三等奖的好成绩,她还被评为河西区优秀共青团员。

刘文郑:

在现代化学校建设中,信息技术已成为学校发展的一项重要工作。刘文郑老师作为学校的一名专职信息技术教师,自己深感责任重大。他先从修炼内功做起,不断学习先进的信息技术理论知识和专业技术,不断提高自己的实际操作能力,花费大量业余时间研究常用视频编辑,交互课件知识,并认真地给教师进行专业培训,耐心解答教师们提出的专业问题,使信息技术更好地运用到教育教学工作当中,提高了教育教学实效。

刘老师不单是信息技术方面的行家里手,更是学校一名专职摄影记者,手中的单反相机成了他的"标配",随时为大家捕捉教育教学活动的难忘瞬间。他还负责学校微信公众号的维护,每天都要利用下班以后的时间编辑发布公众号,每天下班回家头顶星辰,早已成为了他工作中的常态。

他用踏实和实干诠释着自己对职业的解读,也博得了无数学生的喜爱和领导同事的认可。由于不懈努力和刻苦钻研,他连续两年获得河西区微课比赛一等奖,还被评为 2016 年河西区基础教育教育技术先进个人,河西区优秀共青团员和敬业标兵等称号。

李达:

李达是我校音乐教师,担任学校保卫干部和年级组长工作,荣获河西区教育系统第五届"希望之星"称号,被评为 2016 年度优秀共青团干部、2016 年度区教育系统社会管理综治工作先进个人;在 2015 年河西区音乐教师基本功大赛才艺展示中获一等奖。担任市、区级学校文艺展演辅导教师、合唱指导教师、优秀社团指导教师。多次做区观摩课,参加市级音乐微课录制和课题研究,多篇论文获各级各类奖项。

在学校里总能看到李老师活跃的身影,学生进离校时看到他呵护同学的身影,总务后勤体力工作中有他不怕脏累的身影,音乐课堂上又会看到他惟妙惟肖生动示范的身影。学生爱上他的音乐课,高兴地称他为"大哥哥"。每逢风雨来临之前,他总会细心地检查好学校的每一扇门窗。他凭着一颗热忱、执着的心追求着为人师表的快乐与成功,凭借着自己的严爱相济,赢得了学生的信赖和喜爱。

李欣:

粗犷中带着精细,豪放中带着柔情,这就是体育教师李欣留给人的深刻印象。作为体育组长的他，始终团结带领组内教师深化落实阳光体育精神，出色完成区局和学校部署的各项工作。

李老师时刻牢记人民教师"教书育人"的光荣使命，工作中没有豪言壮语，没有惊人之举，只是在平凡的岗位上，倾注着自己全部心血，做着平凡的工作。多年来，他用自己的奉献换取真情，谱写着平凡灿烂的人生。他热爱运动场上嬉戏的孩子，尊重他们的平等人格，始终坚守"健康第一"的教育思想，在提高学生身体素质的同时，他更注重学生心理素质的健康发展。学生任何情绪上的变化，都逃不过李老师的火眼金睛，他会主动关心，耐心开导；学生任何一个心理活动，他都能细心察觉。学生爱上李老师的体育课，课余更爱和李老师聊天。正像校足球队的一名队员所说："李老师有时像妈妈。"他合理安排大课间活动，让每一个学生享受锻炼的乐趣，每当看到所有学生都能生龙活虎地"动"起来的时候，他总是感到无比欣慰。

李老师先后多次被评为天津市阳光体育先进教师，学校在区中小学田径运动会中取得团体第六，区体质健康抽样赛团体第一，市中小学田径点校后备人才比赛中团体第六。2017 年 6 月份，李老师被抽调到全运村入住人员抵离中心工作，那个暑假一天没有休息，为全运村做着志愿服务。

人民教师无上光荣，每个教师都要珍惜这份光荣，爱惜这份职业，严格要求自己，不断完善自己。做老师就要执着于教书育人，有热爱教育的定力、淡泊名利的坚守。

## 第二节 在教学实践探索中争做最好的老师

**一、让反思成为一种习惯,在反思中提升实践智慧**

很多教师每天忙于备课、上课、批改作业,疲于奔命,但是静下心来想一想,脑子里却很少有值得回想的东西。这也许是惰性心理在作怪,也许是我们没有这样的深度去思考教学反思的必要性。

叶澜教授说:"一个教师写一辈子教案难以成为名师,但如果写三年反思则有可能成为名师。"

(一)教学反思的意义

教学反思在我们的教师专业成长中起着非常重要的作用。我个人认为,让反思成为一种习惯,成为教学生涯中不可或缺的一部分,会留下很多精彩的教学瞬间,我们的教育生涯也会丰富多彩。

1.教学反思是捕捉教育灵感的需要

灵感是转瞬即逝的东西。当教师赞叹有些专家深厚的理论基础和丰富的教学经验时,谁能想到这样他们会经常在上完课后,将值得记忆的东西速记下来,无论多忙都坚持着。

教育反思会让我们留住很多教育故事、教育智慧、精彩瞬间。这些美好的回忆会让我们的教学生涯变得不再盲目,不再枯燥。也许有一年我们从教育战线上退下来,回忆着这些感人的故事,抚摸着这些教育的珍珠,会有一种难得的满足感。

2.教学反思是整理思想的需要

凡是讲过公开课、优质课、创新课的教师都知道,很多教学思想特别是灵感都是在反复打磨、反复修改课的过程中产生的。为什么？这是因为我们一次次地实践、一次次地修改、一次次整理自己思路的原因。我们的教学反思就是整理教学思想的有效形式。长期坚持下来，你会觉得自己变得思维锐利了，思路变得有条不紊了。很多时候，是反思帮你把思想的刃磨得锋利的。

3.教学反思是理论联系实际的需要

专门搞理论研究的专家不会成为真正的专家，同样，只埋头拉车的教师充其量也只是一位"匠人"而已。我们都是在教学的第一线，有着宝贵的实践经验，如果把反思当成习惯，就会在写反思的时候自然而然向理论靠拢。一线教师最有可能成为理论联系实际的典范，也最有可能成为名师，理论联系实际对教师的专业成长极其重要，否则，我们就容易陷入经验主义的泥沼，出力不讨好！

反思贵在坚持，让反思成为一种习惯！作为一名校长，我真心希望教师们能在教学反思中找到教育的乐趣，找到教育的提升契机，真正体会到教育的幸福感、成就感。

(二)"恩小"的教学反思

在恩德里小学，学校经常组织教师进行分组教研，进行教学反思。

在一次"我讲我的课程故事"教研活动中，各学科教师各抒己见。

1.语文学科

教研中语文组的教师们畅所欲言，讲述着自己的课程故事。

甄捷老师、丁兰老师、马雪老师分别讲述了在教育教学中如何通过自己的努力帮助引导学困生一点一点地进步。

王靓老师讲述了一个刚入学的孩子如何从对家庭的依恋中一步一步地适应小学的学校学习生活。

杨军老师则讲述了班里一名学生坚持每学期帮助班级倒垃圾的感人事例，以及利用语文课堂如何做到育人教育的教育案例。

2.数学学科

经过一个小时的交流,大家感受到了平时教师与学生之间的深厚感情。

低年级学生由于识字量较少,教师一开始让学生用手指着字,带领学生认真读每一道题,在学生掌握读题方法后,教师改变带着读变为同学带领同学读题,逐步提高学生的读题水平,最后同学们能够结合图画和文字找到题目中的关键信息,独立读题解题,提高了学生的解题能力。

对中高年级的学生来说,计算教学任务仍然是非常重要的,必须常抓不懈。对于个别学生,教师们介绍了自己教学中的小窍门,为了让学生掌握计算方法,绞尽脑汁,各有各的妙招。

赵老师讲解了学生画思维导图的经历,从开始简单、小纸绘画,到现在学生已经可以画出一张完整美观的思维导图的过程。

这些都是老师们精心准备的故事,他们愿意把自己平时的教学故事与大家共同分享,让老师之间互相学习,互相启发,把适合自己的方法应用到自己的教学中,最终受益的永远是学生,让我们为学生的发展不断学习,不断提高,不断转换方法。

3.英语学科

英语组的教师们用一个个鲜活生动的故事诠释着对学生的浓浓的师爱,大家在分享中感动着……

孙道菁老师分享了自己蹲下来教学的精彩案例。李达老师分享了自己利用课余时间培养学生各项音乐技能,充分发掘学生音乐潜能。王津老师分享了组内教师共同配合,教育问题学生的案例。

科任学科李欣老师说,让学生掌握一项足球技能,终身受益,还能利用足球项目锻炼身体。刘畅老师分享了在科技创益小组中学生由一开始不融入不参与到找到自己的特长,帮助其他小组成员,最终融入小组的故事。另外学生在活动中养成的主动做卫生的习惯也让人欣喜。由这些小事可见小组中学生的改变。

英语学科的董丹丹老师说，教育学生不仅要关注学生学习，还要关注学生心理健康。张桂荣老师说个别学生长期逃学甚至离家出走，需要家长负起家长责任，家校配合共同教育问题学生。宋春青老师说作为教师，就是要善于发现学生的特别之处，一旦孩子发现了自己，找到了自我，它就会爆发出我们难以想象的能量。常乐老师说着力改变三年一班班风面貌，加强转化三年二班困难学生。五年级两个班想尽办法向 40 分钟要效率，教材内容多，课时紧，精讲多练。

我为老师们面对问题学生的不放弃和辛苦付出而感动，同时，我也会分享自己面对问题学生的策略，并鼓励老师再接再厉，让恩小的学生受到更好的教育！

为了助力青年教师的成长，我组织学校全体青年教师建立了"青年教师发展学苑"，定期开展学习研讨活动。

在"班本课程"研究中，胡老师和董老师分析了班本课程的概念和内涵。邵老师和刘老师结合自己班级开展的特色课程，谈了自己的做法。科学刘老师提到了项目式学习，课程应该突破单一的教学。洪老师说她研究了名人的系列故事，贴切班级特色。孔老师说可以结合学生身边的节日习俗开展课程。只老师说学生爱动手，就从动手开始。数学张老师和音乐李老师在音乐课程的发展上达成了共识。数学王老师提出了课程要跳出学科的束缚，进行整合。信息刘老师说道，要从多方面入手考虑，同时孟老师也强调我们要先了解班级进而激发学生兴趣。

老师们你一言我一语，在交流中思考，在思辨中提升。

作为校长，我非常关注青年教师的成长，经常抽时间参加他们的活动。课程发展离不开社会，学校，家长的支持，目前，学校的校本课程已成体系，希望老师们坚持学习，认真研究，都开展属于自己的班本课程。恩小的教师团队定会踏实钻研让学生成为课程的受益者。

**二、在教学研究中丰富专业智慧，促进教师成长**

教室不仅仅是传授知识的场所，更是教师和学生教学交往的乐土，是学生在校期间停留时间最长的地方，是进行教学活动的主要场所。我们应该关注教室更广泛的教育意义，关注教室里的欢乐与忧伤，关注教室里的成长和发展。可是，很多老师还没有认识到这一点。在长期以来的教学工作中，普遍存在着这样一种观点：教室就是教师教书、学生听课的地方。老师往往只顾学生的分数，狠抓及格率和升学率，而采取了一些对学生发展很不利的手段和方法。

一个班集体师生思想意识、思维方式、行为方式和生活态度的总和就是班级文化。它是以教室为主要活动阵地，以师生为主体，以班级物质环境和精神风貌、价值取向、行为规范等为主要特征的群体文化。它的形态包括以教室文化建设、设施成列为主要内容的物质文化，以各种活动为主所彰显出的班风、学风等班级精神文化，以班级规章制度为内容的班级制度文化，是一种"潜在的教育""隐形的教育"。

说到班级文化，很多人对"班级文化"的概念理解得不够准确，往往将班级文化理解为一个班级的物质文化建设，却忽略了班级文化的覆盖面和折射度。其实，班级文化不仅包括外显的物质层面，更为重要的是它的精神层面，它对学生的成长具有重要意义。因此，班级文化具有弥散性、日常性、价值性，具有更丰富的内涵。

班级文化不仅影响学生的认识以及对人生价值的追求，还直接影响并反映着教师的教育观念体系，所以班级文化内隐在教师的教育观念、行为方式，内隐在学生的日常习惯，内隐在班集体的班风、学风中，其核心是一种有活力的组织所彰显的人文情怀。所以，班级文化是师生生活中普遍存在的相对稳定的思想意识、思维方式、行为习惯和生活态度的总和。

变革与提升班级文化建设有如下几种方法。

（一）设计具有精神感召力、创新活力的班级名称

作为班主任，应该要有立志让自己所带的班富有勃勃的生机和强烈的凝聚力的豪情，让每一个学生感受到在这个班成长的快乐的激情。要想达到这个目的，首先就要将教师的意图变成学生的意图，师生找一个自然和谐的结合点，有一个统一的奋斗目标，充分调动每一个学生关心集体的热情和创造精神，将外在的班级名称变成学生内在的共同追求，在潜移默化中影响学生的行为规范、价值取向，使整个班集体形成积极向上的班风。

（二）形成班级管理独特的基本模式，提升班级的文化氛围

为了能体现出学生高度的班级主人翁责任感，在竞争中培养学生的奉献精神，班级内要形成轮流执政的干部制度；为了班级同学之间凝聚力的产生、上进心的培养、互助精神的发扬，在班集体要形成易于竞赛的小组结构；为了将班级建设置于一个更加广阔的天地，将思想熏陶从封闭性走向开放性，要敢于利用班外的一些积极因素增强班级管理文化和观念文化的形成。在班级内部创设一部分属于大家的共同财产，交给学生自助管理及使用，以此培养学生集体主义情操。这样一个班集体就具有一套先进的管理理念，一套有创新意义的教育行为方式，一套具有感染力的班级制度。

（三）班级文化建设要真正体现"以人为本"

班级文化建设的核心价值原点是学生文化。因此，其基本出发点也应该是"以人为本"，这就要求我们要将尊重学生的发展需求作为第一任务，在尊重学生人格的同时，还要尊重学生的个体差异，进而构建以学生发展为目标的班级文化。"以人为本"的班级文化，在小学教育中应具体体现在两个方面：第一是"童心""童真""童趣"的儿童文化。班级文化是在"学生观"基础上建立起来的，要反映学生的发展需要、生活体验、行为和意识上的倾向性。在班级文化建设中教师要清醒地认识到：学生需要的是教师的全面理解，学生就像一颗火种，需要教师去点燃他，而不是作为容器一样只需要将它塞满。为此，我们应该使自己与学生在思想和情感上保持一致，用孩子的眼睛去观察，

用孩子的耳朵去倾听,用孩子的情感去热爱,只有这样,形成的班级文化才能贴近学生的心灵,才能充分发挥班级文化在学生行为习惯、价值取向等方面的导向作用,进而形成健康、积极、向上的生活态度。第二是"积极""健康""向上"的教师文化。教师文化直接影响并反映教师的教育观念体系和教育理念,支配教师的教育行为和方式,教师文化的形成,能让教师成为优秀的摇篮人,引领学生形成良好的精神风貌、班风和学风。

"完美教室"的概念正是在这种背景下应运而生。它认为教室是图书馆,是阅览室;是实践场,是探究室;是操作间,是展览室;是信息资源库,是教师的办公室;是习惯养成地,是人格成长室;是共同生活所,是生命栖居室。它以新教育"为了一切的人""为了人的一切"为宗旨,以培养"完人"为目标,充分挖掘班级、教室的意义,教给学生一生有用的东西。

所谓"完美教室",就是师生共同度过的一段快乐时光,一起走过的有诗意的日子。它的核心理念是"幸福"。完美,是一种朝向;幸福,才是目的。因此,"完美教室"也可以叫作"幸福班级"。

最有影响力的雷夫老师这样说:"一间教室能给学生带来什么,取决于教室桌椅之外的空白处流动着什么。相同面积的教室,有的显得很小,让人感到局促和狭隘;有的显得很大,让人觉得有无限伸展的可能。是什么东西在决定教室的尺度——教师,尤其是小学教师。他的面貌,决定了教室的内容;他的气度,决定了教室的容量。"那么我们作为一所普通小学,应如何守住一间教室,让生命在教室里开花呢?

学校开展了"缔造完美教室"活动。恩小每位班主任都在积极行动,朝向"缔造完美教室,共筑梦想之巢"的实验里程碑迈进。编制共同生活,书写生命传奇,让班歌展示,班诗诵读,晨颂、午读、暮省等活动伴随师生共同生活的每一天。教室,一个创造奇迹,上演故事的地方。

首先,缔造完美教室,要具有完美的班级"价值体系",以班级文化构建为总体目标,健全班级价值系统。要有富有寓意的班级名称、班级精神、班风、班级名片、班级愿景、班训、班规、班级活动计划等等；要有特色新明的文化符号，如"班歌""班诗""班徽""班名""班级节日""班级出行服"等，种种班级文化符号要反映班主任老师对学生的期待与祝愿，是有文化的。

其次，缔造完美教室，要有个性化的班级文化特色。全面地阐述完美教室的元素，我们可以罗列出诸如"自创的班级文化""自订的班级制度""自生的班级课程""丰富的经典书籍""多彩的班级活动"等；说起完美教室，我们会自然想到班名、班训、班歌、班徽等一系列外在的文化符号——这些当然是需要的，但还不是完美教室的最核心的要素。

再次，缔造完美教室，要以关注生命为宗旨，开发有特色的班级课程，要有关注生命成长的"全人课程"。

最后，缔造完美教室，要激活家长教育热情，建立家校联系的多种方式，搭建家校联系平台。如每天给学生写便条、寄语、给家长发短信、建立班级家长委员会等。将班级的各种活动和工作计划进行通报，听取他们的意见，勤交流、多沟通，搭建家校联系平台，把教育资源扩大至家庭。人心换人心，只要我们真心为了每一个学生的成长与进步，与每一位家长进行真诚的交流，我相信，家长和老师一定会成为真正意义上的"教育共同体"。

"完美教室"之"教室"，显然已经不同于我们一般所说的物理意义上的教室了。"教室"，在这里是一种借代，代指班级；或者说是一种象征，象征着一群人共同生活的一段历程；缔造完美教室，强调的是一种班级文化的建设，一种集体精神的滋养；这样的环境里，每一面墙壁，每一张课桌，每一把椅子，每一个物件，都打上了浓浓的主观性——表达着高远的追求，洋溢着高雅的气质，蕴含着高尚的灵魂，彰显着鲜活的生命。

缔造"完美教室"，在一间普通的教室里能做出不普通的事情取决于老师。一间书香充盈的教室，它有着自己独特的文化氛围，有自己固定的行为规范，能激起学生求知的欲望，终日洋溢着师生幸福的微笑。

完美教室改变了师生每天的生活，改变了教师的行走方式，改变了学生

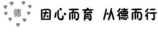 

的生存状态。完美教室是一种对幸福完整教育生活的现实追求。完美教室永远是一种朝向,需要不断行动、不断坚持、不断创新。我们坚信所有的学生都是天使,而所有天使都能创造生命的奇迹,我们的教室将是一座神奇的宫殿。

## 缔造"完美教室"各班风采

### 一年一班

"七色彩虹"作为一年一班的班名,旨在期望学生的生活如七彩般多姿多彩。班会开始,班主任配合视频对学生从刚入学到现在的点点滴滴进行了讲解,一张张照片,让学生一同回忆了在一年一班的温馨学习生活,很多学生看到了自己的小小身影,不禁显露出激动的表情。

班级就是师生共同的家,"家"的概念需要在学生心中扎根。我们在同一间教室里学习,增长知识,学习本领。就正如今天表演的快板,学生们对此充满了兴趣。学生的成长离不开家长与老师的关心与照顾,亲子发言从家长与学生的角度展现了大家入学以后的变化。每个学生愿意在这次班会课上说出自己的心里话,我们彼此之间的距离也拉近了很多。感谢与感动常在,我们始终都应怀有一颗感恩的心。

这次的班会,让学生更能体会集体的温暖,一年级的学习生活给学生们带来丰富多彩的感受,这样的教育生活幸福而又完整。

### 一年二班

今天,一年二班在礼堂召开"祖国妈妈我爱您"主题班会。这群入学不到一年的小学生用自己的方式表达了对祖国的"爱"。班会持续的时间不长,但都是由学生们自己主持、串场、表演,整体虽显稚嫩,但也正好突出了孩子们的天真、可爱、无畏。

此次班会设计是根据低年级小学生的接受能力和认知特点,选择有代表性的事物,使他们初步了解我们的祖国,并通过多种形式的表演来歌颂、赞美祖国，从而激发学生对祖国的热爱之情。班会中所采取的形式大多是学生喜欢的歌谣、歌曲、朗诵、问答等，小形式却是大用途，帮助这些不涉世事的孩子们了解更多有关"祖国妈妈"的事情。

学生的表现可圈可点：站在台上的他们有的大方，有的拘谨，有的甚至眼睛不知看哪里，可是他们都克服了自身的缺点，以崭新的姿态精彩亮相。

### 一年三班

今天，一年三班在礼堂召开"缔造完美教室"主题班会。这些入学不到一年的小朋友经过练习，自己就能基本完成整个过程。学生的表现可圈可点：他们大方占位，响亮发言，无论台上台下的表现都是认认真真，竭尽全力。

在教室里生活是人生的必经历程，而教室里的生活应该获得什么？每天学生来了又走了，只带走知识，带走对同学的或多或少的认识，之后再无其他，这样的教室未免显得过于单薄。所以我们有必要打造一种浓厚的教室成长文化，帮助学生在教室中获得更加成熟的美好的成长历程。

应该创设一种什么样的教室文化？就是帮助学生不仅学会知识，而且学会从尊重自己、关爱自己做起，逐步也学会尊重周围的人和事，并用相应的形式与内涵濡养学生行为与心灵，把主动成长与感恩的情感深深融化在自身的每一个细胞中，溶解在生活的每一个时刻里。

### 二年一班

2016 年 5 月 11 日上午，恩德里小学二年一班召开了"缔造完美教室——在阳光下茁壮成长"主题班会活动。

当你走进二年一班的教室，你便走进了我们共同的家。随着时间的推移，我们共同的回忆也慢慢变多，教室就是我们的最佳成长记录地方。我们一班的标志是一朵太阳花，一朵太阳花绽放着天真的笑容，象征着它的勇敢乐观。许多花瓣簇拥在一起，象征着我们的班级团结向上。绿色的叶子长势喜人，它标志着孩子们扎根教室土壤，茁壮成长。我们的班级公约是爱学习、学自立、爱劳动、知感恩。班级口号是花儿朵朵，向阳开放。我们的班歌叫做

《美丽的太阳花》。

在这次班会中，我们从爱学习、学自立、爱劳动、知感恩四个方面展开丰富多彩的活动。以小组诵读的方式展示了我们这个学期的收获（诵读《为学》《三字经》《所见》《长歌行》），值得自豪的是每个节目都是有我们自己编排演出的；情景剧《自习课》得到了同学们的热烈掌声；表演唱《劳动最光荣》和《感恩有你》则唱出了我们的心声；最后全班演唱班歌《美丽的太阳花》把活动推向了高潮。

二年一班的同学们是一群可爱的太阳花，在二年一班这片沃土上，在太阳光的照射下茁壮成长。通过这次"缔造完美教室"主题班会让教室里的每个同学穿越课程与岁月，朝向有德性，有情感，有知识，有个性，能审美，在各方面训练有素又和谐发展的生命，而一天天地丰盈着、成长着。

### 二年四班

今日，万里无云，微风拂面。二年四班的同学和家长相聚在恩小的礼堂，共同召开"和风细雨省心灵 书香浸润向阳花"缔造完美教室主题班会。会上，同学们表演了诗歌朗诵，古文背诵，班规制定的展示，快板、事、歌舞，还有知识小百科，古诗文背诵等节目，学生们非常开心，并在愉快的氛围中感受到知识的魅力，文化氛围的重要。值得一提的是，这次活动还得到了许多家长的大力支持，王韵霖家长，金子轩家长，张莺萱家长，于安家长，张与时家长，积极参与班级的原创班诗评比活动，张与时家长还在班会上亲自朗诵了他创作的诗歌《我爱向阳花》受到同学们的欢迎。

总之，这次活动不仅是一次完美教室的缔造，更是一次美好心灵和思想修养的缔造。在今后的学习生活中，27朵美丽的向阳花，会头顶金色花盘，面带从容微笑，手牵手，肩并肩，在阳光的照耀下，一路欢歌，一路芬芳……

### 三年二班

伴随着主持人"三年二班《在阳光下茁壮成长——做自强自立的人》主题班会现在开始"的宣布拉开了班会的序幕。

三年二班是小松树班,之所以取这个名字,就是因为松树是笔直的,不论在多么恶劣的环境下,仍然耸立地生长着。它以正直、朴素、坚强为美。就像我们班的班诗所说的:凭着那股毅力和坚韧,阳光无处不在.没有梦想,生命也许会很快干枯,而自强自立是延续生命的精神力量!

　　在这次班会中,同学们态度认真,激情饱满,依次为大家带来了小故事、配乐朗诵、舞蹈、短剧等,这些都是同学们认真准备排练后所呈现出的非常完美的展示。最后全体学生起立,齐诵少年中国说。同学们热情满满,表达出自强自立的决心。裴玉家长作为家长代表,对参加本次班会表达了自己的感受。

　　我们的未来,需要我们自己牢牢将其把握在手中!或许只需要先在勇气上踏出一小步,我们就在立志成才上成功地踏出了一大步!从今天起,不,就是此刻,身为学生的我们定下自己的努力方向,一步一个脚印走好每一步。希望大家通过今天的班会,能够收获满满,并努力朝着自己的人生方向前进!

　　**四年一班**

　　5月9日四年一班全体同学在礼堂举行了《缔造完美教室——我爱我班》主题班会。

　　蔚蓝的天空,是白云的家;青翠的松林,是小鸟的家;清澈的河水,是鱼儿的家。那么这个宽敞明亮的教室,是谁的家呢?这是我们共同的家!这个家就是我们可爱的四年一班。在主持人诗意的开场白之后,同学们依次展示了班级建设的过程。首先,刘家祺上台解说"萤火虫班"的寓意,告诉我们要做闪闪发光的萤火虫;其次,情景剧表演,告诉大家小矛盾不要紧,友爱为先;最后,啦啦队展示,告诉大家团结一心最重要。

　　我爱我班,我们是班集体的一员,已经深深印在同学们的心里,大家齐心协力,甘愿做班级勤劳的建设者。相信同学们的明天会像我们的愿景一样充满阳光和快乐。

### 四年二班

5月5日，阳光明媚，春风和煦，杨柳依依。迎来了我校四年级二班缔造完美教室主题班会的日子。四年级二班班会的主题是——相逢是一首歌。

班会由两个主持人主持，每个同学都上台讲述了自己在班级学习或者参加校内校外活动的感受。声情并茂，班会在歌声中开始，在歌声中结束。正好呼应了主题。最后班主任对同学们提出期望:祝愿同学们自己的梦想的启迪下，放飞自己的理想，经过自己不懈努力，终究会成就辉煌的未来。

### 五年二班

缔造完美教室是以让师生"过一种幸福完整的教育生活"为核心价值追求，通过班级文化的营造，良好习惯的养成，班级课程的开发，理想课堂的构筑，每月一事的推进，书香活动的开展，家校合作的共建，沟通积极的师生关系，创设自主向上的班级氛围，自然生成洋溢着爱心与呵护、理解与沟通、努力与进取的班级良好氛围，形成学生的主人翁意识，促进学生知识、能力、情感、价值观的和谐发展，从而达到师生共同成长的目的，让师生过一种幸福完整的教育生活。

恩德里小学作为八所新教育实验校之一，一直坚持潜心研究。

今天上午，五年二班《知感恩，形习惯，促团结》缔造完美教室主题班会在恩小礼堂召开。"七彩阳光"是班名，"团结，友爱，拼搏，奋进"是班级的班风；"和风细雨，展淑女气质;谦恭礼让，展绅士风度。"是班级的班训;"我们会学习，更要先学会做人，做事，那会对学习起到助推作用"是班级的目标。一个人是否有学问要看他是否有孝心，有是非判断能力，做错时是否有羞耻心，和遇事的当下心境。在这些目标，班训，班风的督促和勉励下，全体同学努力奋进，形成了锐意进取，团结友爱的班级氛围。班会先后通过①故事"没有上锁的门";②听一听学生的在社区和家里的实践感言;③习惯小故事《袋鼠与笼子》;④分享学生的改错经历、⑤快板"说感恩";⑥每人选了一句座右铭陪他们改正自身的缺点;⑦大家共唱(歌曲:我们是一家人)等一系列活动，使学生在寓教于乐的活动中慢慢体悟到：

感恩就在我们的身边，在我们每一天的成长中，感恩爸爸妈妈无私的付出，感恩老师和同学的关爱，有了感恩心我们就会形成好习惯，有了好习惯美好的前程在等待着我们。"树苗因为怕痛，而拒绝修剪将无法成材"我们一定不要怕成长中的挫折、困难，我们要团结奋进，改正身上一个又一个缺点.去迎接暴风雨的考验,成为国家的栋梁之材.我们的生活充满阳光,七彩阳光照耀我们,我们也要像七彩阳光一样去照亮世界吧！

**六年一班**

恩德里小学六年一班组织的主题班会《缔造完美教室》在学校礼堂如期举行。六年级临近毕业,所以班级讲此次班会的主题定位"梦想始于足下"。

伴随着激情澎湃的诗朗诵《闪亮的梦想》,本次"梦想始于足下"的主题班会拉开了帷幕。四位同学的诗朗诵震撼全场,让同学们的梦想都飞了起来。紧接着一个"击鼓传花 梦想飞扬"的游戏让同学们的梦想飞遍了整个教室,也印在了他们的心里,然后大家一起唱响了《最初的梦想》,伴随着美妙的音乐,大家写下了自己的梦想或者对于梦想的感慨等,最后大家将自己的梦想果实贴到黑板上,一起制作了梦想树。

通过这次班会,同学们一定会树立远大理想,并为之努力奋斗。让我们携起手来,挑战极限。我们将用拼搏扼住命运的喉咙,用自信铸就明日的辉煌,在恩小写下光辉灿烂的一页！

**六年二班**

今天,六年二班在礼堂召开了《"缔造完美教室"——星星闪耀 扬帆起航》主题班会。这是同学们生活学习了六年的小学,即将离去,大家有着太多的不舍与留念。不舍的是曾经给予同学们帮助的老师,留念的是同学们曾经生活的校园,更不舍的是我们与母校在一起的六年时光。但是,学生必将离去,去往更加广阔的未来。

在此次班会中,介绍了班级的班名——星辰班及其班徽的内涵、班级公约、班诗以及班级目标。之后了解了名人励志读书的故事、恩小志愿活动情况、观看视频短片《蜗牛的理想》、名人的读书名言、诗歌《读书》、荐书《爱德华的奇妙之旅》。同学们在班歌中将自己的理想星星粘贴在天空中,照耀着自己前进的方向。最后,同学们一起唱起了我们的歌《夜空中最亮的星》。

　　最后,班主任老师寄予了全班同学期望:坚信自己,朝着自己的理想和期望前行。每个人都会像星星一样闪耀,照亮自己的人生。

第四章
全面发展,快乐成长

培养什么人，是教育的首要问题。必须把培养社会主义建设者和接班人作为根本任务，培养一代又一代拥护中国共产党领导和我国社会主义制度、立志为中国特色社会主义奋斗终身的有用人才。因此，"要在坚定理想信念上下功夫""要在厚植爱国主义情怀上下功夫""要在加强品德修养上下功夫""要在增长知识见识上下功夫""要在培养奋斗精神上下功夫""要在增强综合素质上下功夫"。

恩德里小学在新的历史发展时期，结合当前教育形势与学校生源情况，不断推出有利于学生成长和发展的创新亮点工作。

每当踏进恩德里小学校园，一个个穿戴整齐的同学慢步从身边经过，一声声"老师早""老师好"的问候声从耳边传来，同学们长大了，懂事了，老师们心里有一种说不出的快乐。

这是学校近段时间经常出现的一种现象。古人云"不学礼，无以立""人无礼而不生，事无礼而不浅，国无礼则不宁"。讲文明懂礼仪是中华民族的传统美德，是中国古代文化的精髓。由于学校半数学生是外迁人员子弟，加上大多数家长比较宠爱孩子，这就对孩子的成长产生一些消极的影响，使得一些学生在行为礼仪方面的表现较差。对小学生进行"文明礼仪的养成教育"就更显得至关重要。

在学校德育处的号召下，学校开展了"学会慢步右行"每月一事主题活动。学校的活动开展得有声有色，校园内形成了知礼仪、讲礼仪、做文明人的热潮。同学们从平常的点点滴滴做起，从很小很小的事开始，将各类教育实践活动落到了实处。

为提高学生的文明行为习惯，学校精心设计了活动内容，全面落实活动要求。使活动的开展做到循序渐进，由点及面，从而确保了活动效果。由六年二班主持的"学会慢步右行"主题升旗仪式暨"每月一事"启动仪式上，同学们将慢步右行的意义和方法向大家详细地做一表述；各班丰富多彩的板报宣传更加浓厚了文明氛围；为保证常规教育深入持久开展，学校大队部设立行为规范监督岗，每天对学生的行为礼仪习惯、安全纪律及日常行为等进行了监督和检查。学校也及时公布检查结果；与此同时，我们还与家庭取得联系，向每位家长下发了家长信告知书和学生好习惯问卷，家长在回执中写道：学校养成教育好习惯培养的相关活动丰富多彩，家长会全力支持学校工作，共同教育学生养成良好的文明行为习惯。家校配合，双管齐下，共同做好学生的文明礼仪教育。

纪律规范了学生的行为，同时也影响着他们今后的人生轨迹，每个班级都是学校的缩影，每个学生都代表学校的形象，校园的每个角落都代表学校面貌。

在公共场所轻声讲话是一种文明的行为。而这种行为习惯要从小培养。

现在的孩子，因为在家中的地位之"高"，都相对处于异常兴奋的状态，说什么都是以自我为中心，没有人会和他们刨根究底地去研究行为习惯，稍有不顺意就会大肆吼叫，直到达成目的为止，个别孩子发展到了让人难以接受的地步。有研究表明，长期处在噪音中有碍于身体健康。在噪音中生长的孩子，智力会受到影响。在学校中，如果不注意引导学生轻声讲话，则很容易产生嘈杂的噪音，长此以往不利于孩子的健康成长。

因此，学校将四月份每月一事的主题定为"学会轻声说话"。将培养学生轻声讲话列为一日学校常规中的重点。

通过环境说话，鼓励学生轻声说话。环境是重要的教育资源，应通过环境的创设和利用，有效地促进学生的发展。班级板报成为活动宣传的主要阵地。学校广播站以集中教育、个别情况表扬、反馈等形式渲染活动气氛，发布活动。

通过故事反思，强化学生轻声说话。轻声说话避免了矛盾的激化，化解了人与人之间的隔阂，因为轻声说话使人变得冷静、理智、变得心平气和，孩子们在故事中讲到：轻声讲话也是对别人的一种礼貌。轻声说话让人变得优雅得体，轻声说话也是一种修养，更是一种文明。

通过活动促进，重视学生轻声说话。在班级中，班主任以多种形式训练学生轻声说话，积极地为他们营造轻松愉快的谈话氛围，鼓励学生轻声与人交谈。在醒目的地方贴上"小声说话"的标志，让标志来提醒学生约束自己的行为，逐渐帮助他们养成良好的轻声讲话的习惯。

通过手抄报总结，激励学生轻声说话。他们将自己看到的、听到的以及自己行为上的改变以手抄报的形式进行总结、展示，我们欣喜地看到学生的变化和成长。

# 第一节　引导和接纳学生文化是班级文化建设的核心内容

当学生每天的三分之一时间都在学校和班级里度过时，班级生就为学生提供了展示自己的机会。所以，班级作为学校教育教学的基本单位，是一个同辈人的具有较高文化同质性的初级群体，是学生个体和群体交往和活动的场所，是体现学生文化的舞台。班级本身又是一个同辈群体，学生在其中所表现出的价值和行为，无论方向属于何种类型，都是影响学校教育的重要因素。营建良好的班级文化，是学生在学校健康、快乐成长的重要保障。

**一、班级文化建设对学生发展的意义**

班级文化建设就是以全班学生为主体,在班主任和任课教师的参与引导中,通过教育、教学、生活与各种活动等领域的相互作用,共同创造以班级物质环境、规章制度以及价值理念、道德理念、班级精神、心理倾向为主要特征的班集体生活方式。

班级文化形成了一种"隐性"的环境,使学生从中学到许多学校和教师无法提供的知识和行为,影响着学生在班级生活中的学习活动和结果。同样,班级文化是一种无形的、强大的教育力量,构成了学生潜在的学习内容。

班级文化促进了学生之间的互相认同,并提供了彼此分享各自体验的环境和氛围,成员间不同类型的互动,实际上也是不同文化在不同水平上的交融和整合。班级文化使学校各群体间的价值与行为间的冲突得到了缓解,尤其使师生间的价值、行为和意义体系的差距缩小,彼此产生共同的文化基础。

班级文化对学生的行为有诊断和矫正作用,并能更好地调动学生的主体性。提供给他们更多的自主活动的空间,以满足不同学生的归属和依存需要,提高班级的集体凝聚力。

班级文化能够满足学生的归属和依存需要,提供自我实现需要和社会有用性需要的实现机会,使作为文化主体的学生,能够在一定的自己所归属的那个文化环境中,获得自己的价值感。所以,进行班级文化建设具有现实意义。学校和教师应引导学生充分发挥自己的主观能动性,齐心协力地建设积极向上的班级文化。

班级文化的开放性互动有利于班级文化的发展,也有利于加快个体社会化的发展。

**二、学生文化是班级文化的组成核心**

班级文化是班级全体成员共同的生活方式的体现,是由两大基本要素构成的,一是由班主任和任课教师构成的教师文化,二是由班级内全体学生构成的学生文化。所以班级文化建设就是二者在价值理念、道德规范、行为方式和内在期望等方面保持一致的过程中进行的。

学生文化是班级文化的核心部分，它与班级生活有着密不可分的联系。学生文化的社会倾向性，对学生的思想道德、文化科学、理想、抱负和个性的形成等有很大的影响。

学生文化就是某个或某些学生群体所具有独特的行为规范、言语表达和价值观念所构成的生活方式。学生文化是一种不断生成和发展的动态的生活方式，体现了学生不断濡化和涵化的历程。它不断受到学生自身及其同辈群体、学校教育、家长和社会等方面的影响，不断吸收和接纳着成人世界的内容，接受着主流文化的许多要求。它体现同一年龄和时代的共同性，但更多的是体现了不同学生间的差异性。可以说，学生文化是学生在接受社会主流文化的过程中形成的，是个人接受社会规范、行为准则、价值观念等文化传统的社会化过程，也是文化从一代人传到另一代人的潜移默化过程。

学生文化的发展过程就是学生既要保持其自身特征又是不断接受社会规范、行为准则、价值观念等文化传统的过程。明确学生文化的发展特点，有助于更好地进行班级文化建设活动。

（一）学生文化需要不断调整和适应

学生文化是社会理想和社会现实之间的冲突点，需要不断地调整和适应。由于受年龄、经历和思想认识等因素的限制，学生的内心总是带有儿童世界的很多理想化的观念和生活方式，它们大多是与社会现实相冲突或相矛盾的。小孩子时候总喜欢玩过家家的游戏，通过扮演或使用洋娃娃等玩具来模拟现实中的家庭生活，他们自身也充当起成人世界的重要角色，将自己看到和感受到的事件表达出来，从而获得乐趣，希望获得同伴或家长的认同。随着学生的不断成长，自身受到来自社会、家庭、学校教育、同伴以及自己的各种因素的作用，逐渐会从理想化走向社会现实，尽管有时是带着无奈和不情愿。例如，有的孩子在读小学时并没有意识到学习的重要性，认为是全凭自己喜好来做的事情，学不好也没有关系，可是逐渐到了中学阶段，感受到

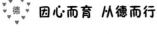

了升学和就业的社会压力和竞争,逐步了解了严峻的社会现实,就会为自己的未来做打算,就会在学习上更加努力。而有的孩子,当他意识到自己的理想和社会现实之间的距离很大时,也有可能就变得灰心,无所适从。

(二)学生文化增添了隐性课程内容

学生文化一方面学生由于受着教师的引导及家长等的深刻影响,其各种习惯、传统、规范等在一定程度上反映和认同着成人的价值观念,与教师文化、学校传统之间产生着密切的交互作用。另一方面,从根本上还是代表着学生的价值与规范,具有相对的独特性,表现为与成人相异的一些价值观念和行为方式,反映其要求自主、独立的需求,对整个学校和班级的风貌产生着影响。学生文化不是经过教师的组织或是有意的安排,而是学生同辈群体在日常的相互交往中自发形成的,它对学生所产生的影响是非正式的。其中所蕴含的学生群体的价值和规范,形成了一种隐性"环境",影响着其中的每一个学生,使之在不知不觉中习得了这种文化。可以说学生文化是隐性课程的重要内容,又增添了隐性课程的内容。

(三)学生文化在主流文化指引下壮大

学生文化都是带有学生所处社会、时代和地域的色彩,带有社会大方向的印记,最终是要在社会先进的主流文化指引下得以壮大的。而主流文化之所以能够以强盛的生命力不断向前发展,也是与亚文化的补充和推动有密切关系的。学生文化发展本身也会对主流文化产生一定的丰富和补充作用,使之发生一定变化,更富有生命力地朝着最先进文化的方向继续前进。总的来说,学生文化与主流文化之间并不是截然对立的,而是并行的。作为学生,大家都在按照社会发展和主流文化所要求的目标接受教育。

**三、引导和接纳学生文化的策略**

班级文化建设是学生超越既有文化,创造新文化的过程,某种程度上也是班主任和任课教师被学生所接纳的过程。班级文化必须形成一定的积极的团体规范和取向,才能有效地体现出对班级学生的教育价值。为此,应该是由学生为主体来积极建设班级文化,在这个过程中将学生文化中的积极部分加以吸收和发扬,将消极部分加以消除或转化,使之在主流文化的轨道上积极健康发展,发挥教育作用。为此,班级文化建设是引导和接纳学生文化的过程。

学校和教师应充分理解学生并接纳其文化,不要仅仅出于成人的立场来否定和压制学生所表现出的一切行为、观念和言语,还要认可和接受其符合儿童天性的合理部分,在此基础上的规劝与教育才是符合学生身心特点的。但接纳学生文化并不意味着全盘接受,适度的规范和引导仍然是必要的。当学生的某些言行违反了作为社会公民的规范时,教师和家长就应该及时修正和引导,假如完全按照学生的意愿进行教育,绝对张扬学生个性,结果反而不可能实现个体成长和发展的目的,无法达到社会的要求和教育的目标。教会学生做一个合格的社会人,而不仅仅局限于做一个"好学生"。具体来说,在引导和接纳学生文化,建设班级文化的过程中要注意以下几点。

（一）重视学生的文化人格教育

在班级文化建设中,教师要注意塑造学生主体性文化人格,培养其成为一个有理想、有道德、有纪律、有能力、懂合作、会创造、个性健康发展的高素质文化人格。这种文化人格是以学校办学理念为导向作用的,在各种学校文化制度的影响下不断完善和成熟的。可以根据学生兴趣特长筹划和采取一系列活动,提高学生学习积极性,丰富他们的课余生活,引导学生文化健康发展。所以要关注班级中文化榜样的来源,使主流文化通过班级文化建设来影响和引导学生文化的发展。

（二）营造师生共同价值观

在班级内部逐步建立起共同的价值观,成为一种比较持久的信念,以此确定学生的行为模式、交往准则,以及何以判别是非、好坏、爱憎、善恶等的依据,并尊重每个学生的价值,引导其找准各自在班级里的位置,树立自信,产生协调一致的行为方式,使学生文化在直接接受班级文化的约束下积极

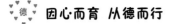

发展。

（三）鼓励学生积极参与班级生活

班级的真正主人是全体同学，教师必须转变"领导或管理式"的班级文化建设观念，给学生以广泛的空间，尊重学生的意愿，自由选择活动的形式，让每个学生都有机会表现和发挥自己的才能，得到充分的表现和积极的发展。使他们既是管理者，又是参与者，在班级文化建设中发挥各自的权利，承担应有的义务。

# 第二节　让学生在快乐学习中做最好的自己

德育为先，育人为本。围绕立德树人根本任务，我们把社会主义核心价值观融入育人的全过程。以特色德育创建为引领，以弘扬中华优秀传统文化为切入点，以抓好学生行为规范教育为前提，以打造平安校园为保证。积极引导学生开展校园文化及社会实践活动，培养学生团结、文明、求实、创新精神。

**一、抓实行为养成教育，提升学生素养**

（一）加强学生自主管理

依托学生自主管理，通过精选的高年级优秀学生与低年级学生进行良性互动，十余名高年级学生辅导员在晨训诵读、班级板报、卫生等多方面给予了一、二年级大力的帮助，同时也提高了自身的能力。从而达到增进团结互助，加强纵向管理、横向交流的教育管理效果。

（二）夯实学生思想政治教育

坚持规范的升旗仪式。每周一全体师生肃立在庄严的五星红旗下，在雄壮的国歌声中聆听着国旗下讲话，使学生在国旗下感受教育；并对每次升旗仪式的内容做好总结工作。

德育处精心筹划、设计开展了"构建首善 享受品质"迎六一系列活动，包括"弘扬民族文化培养曲艺新苗"第二届恩小快板节、"诵读展示""心理运动会""入队仪式""六一大会"五项活动，本次活动内容丰富，形式多样，精彩纷呈，既展示了恩小一年以来的教育成果，又愉悦了学生的身心，展现了学生的个性。让恩小学子在恩小这个大家庭里享受到有品质的教育。

（三）强化学生养成良好习惯

1. 明确目标，制订计划

根据学生年龄结构，心理特点，确定学校本学期的好习惯培养目标，各班级根据学校要求重点推进，全面落实，并将习惯培养融入课程管理，把校本课程、全校集会、每日晨会、主题活动作为强化行为习惯的主要阵地。以课堂生活为主体，以常规训练为主线，使学生进一步明白习惯养成的重要性，增强学生行为习惯养成意识。

2. 加强宣传，潜移默化

在行为规范养成训练中，学校注重宣传教育，利用板报、广播等载体向学生展现行为规范养成的重要性及意义，对学生进行"道德规范""文明礼貌""交通安全""社会公德"等教育，利用国旗下讲话、班队课等机会向学生讲解、训练，让学生在耳濡目染中受到潜移默化的熏陶。通过这些宣传教育活动使学生提高了思想认识，树立了正义感，激励了上进心。

3. 细处着手，养成习惯

学校在活动中，循序渐进，指导学生从细微处入手，从学习生活中的小事做起，使学生体验到养成良好行为规范的重要及意义，树立信心，积极参与活动。如开展"心怀感恩树立美德""品国学经典 传中华美德""节俭美德 品质随行"等活动，取得了良好的收效。

4.结合新教育研究开展"缔造完美教室"班级展示活动

班主任结合自己学生的整体情况,将富有寓意的班级名称、班风、班级愿景、班训、班歌、班诗等与班级活动有机整合,反映出班主任老师对学生的共同成长,凸显出班级个性。一个个有文化、有内涵、有生命的班级应运而生。

5.加强监督,巩固成效

小学生自制力和持久性差,我校推选出一批行为习惯较好、有组织能力的学生担任礼仪监督员,明确分工,各司其职,随时随地督促其他同学的行为。通过加强监督,巩固了训练成效,学校里违规犯纪现象逐渐减少,学生的良好习惯也慢慢地养成了。

(四)深化学生传统文化熏陶

以"诵读品论经典国学 传承弘扬中华文化"为主题的第七届传统文化教育月活动,通过开展学生诵读展示、教师论坛、美德少年评选等活动,引导全校广大青少年感悟中华文化的博大精深,丰富文化底蕴,促进行为规范的养成,我校在教师国学论坛比赛中获三等奖,学生集体诵读、个人诵读分获二、三等奖的好成绩,我校被评选为优秀组织单位。

(五)夯实学生心理健康教育

少年儿童的心理健康不仅是学生个人成长的需要,也是学校教育目标得以实现的基础,更是社会发展、时代进步的要求。为此,恩德里小学在传统教育思想的基础上,不断探索,从而形成一套科学有效的心理教育策略。

其一,学校充分利用橱窗、走廊壁报、校园广播等设施开展专题教育,启发引导学生接受良好的教育。其二,根据学生的不同心理特征,开展一系列分年级、有针对性的团体心理辅导活动。如低、中年级在游戏、竞赛中,师生、生生沟通了心灵、增进了感情。高年级则有心理健康课,如请来心理辅导师,通过心理沙盘、心理游戏等手段为学生做个体心理辅导活动,让学生亲身实践,自悟自省。其三,开展创设"心理训练活动"。如"爱己乐群 携手成长"心里运动会等。在每年举行的心理运动会上,参赛同学个个精神抖擞,观众席上加油声此起彼伏，大家充分展现出团结进取，蓬勃向上的精神风貌。运动会成了凝聚班风、师生情感互通的场所。一年来，学校先后开展了心的聆听——心理辅导室开放咨询；心的飞扬——心理运动会；心的交流——心理交流主题班会；心的分享——心理健康小贴士、心理健康教育知识宣传等活动。

通过专家和教师细致入微地辅导、实践和锻炼，帮助学生正确解决在心理成长过程中出现的矛盾与问题，从而达到自我启发、自我教育、自我升华，不断提高心理素质和道德品质的目的，并取得良好成效。学生思想行为的改变得到家长的认可，一些家长写来感谢信或是打电话感谢学校对学生良好的教育和引导。

学校积极申报"河西区中小学心理健康教育"特色学校的评选活动，组织青年教师参加河西区心理健康课评选活动，并迎来了"心理健康教育"的专家进行评估检查，各具特色的心理健康活动赢得了专家的好评，学校被荣幸地评为"河西区中小学心理健康教育"特色学校。

（六）学生食品安全教育

充分利用全校集会、展牌、宣传标识，开展小学生食品安全知识普及教育，增强学生食品安全意识；不断加强学生不良行为的纠偏工作。发放家长信，动员家长配合学校工作，重视学生养成良好的卫生习惯，提高广大家长和青少年学生的安全和自护意识，办证学生健康快乐地成长。

（七）学生社会实践活动

学校继续开展"恩德志愿"活动，包括班级、学生个人及亲子志愿活动。全校六个年级，15个班级的老师和同学代表在为期一个多月的时间里，在养老院（六年级）、雨花斋（五年级）、图书大厦（二年一班）、社区（一、四年级）、学校（二年级其他班及三年级）开展了志愿服务、环境保护等形式的"恩德志愿"活动，为孩子们的成长添上了重要的一笔。在亲子恩德志愿活动中，每个学生都积极参与，在学雷锋纪念日及五一放假期间，由家长带领孩子到公交车站牌、社区、楼道等地参加了志愿服务,从小培养了孩子敢于担当的责任和为人民服务的好品质。在亲子共游活动中,家中利用周末或放假时间带孩子到平津战役纪念馆、天津博物馆、五大道等具有教育意义的场所共游,拓宽了学生视野,学到了课堂上学不到的知识,而且在走进社会的同时,培养了他们坚忍的意志。

**二、拓展教育资源,完善学生教育体系**

办好教育事业,家庭、学校、政府、社会都有责任。习近平总书记指出,家庭是人生的第一所学校,家长是孩子的第一任老师,要给孩子讲好"人生第一课",帮助扣好人生第一粒扣子。

为使家长学校工作更加科学、规范、有序地进行,家委会会议内容主要针对校门区安全护导、图书管理等方面,希望家委会成员协助学校一起开展工作。通过不断完善学校的管理,促进家校沟通、学校的发展和学生素质的全面提高。结合学校的特色教育,本学期学校邀请到了三宽教育的专家、支持人林铁老师和曲艺家杨铭老师分别为学生、家长和老师进行了以"心理健康教育""好方法决定好成绩""做幸福的教师""教师学快板"为主题的讲座,使所有听讲人享受品质、受益匪浅。学校将社区及社会资源有效整合,大力促进了学校各项工作的有效开展。

为了提升学生的心理素质,我们邀请有专业资质的公益项目入校,开展心理沙盘活动。

当同学们第一次走进三楼"心灵驿站"教室,一眼看到盛着细沙的沙箱和玩具架上琳琅满目的玩具时,好奇和惊喜的表情出现在他们脸上,他们开心地欢呼起来。参与沙盘游戏的同学中,有一半是外迁人员子弟,还有的父母离异。我们希望通过沙盘游戏给这些孩子一些关爱和温暖。

每一个人的心灵深处,都有一个自我治愈心灵创伤的倾向,沙盘治疗的理念是,咨询师要做一个"静默的陪伴者","不期待,不评判",倾诉者通过沙盘的制作行为和分享环节的叙述,得到内省,使他的潜意识得到梳理,内心冲突得到缓解或疏导。

1小时的时间，基本可以做两到三轮的玩具摆放，在下课前15分钟的分享时间，老师会询问"今天的作品中哪一部分或者哪个东西让你感到最舒服"，"有没有让你感到不舒服的部分，哪怕一粒沙子让你感到不舒服，都可以说出来"，"请你给这个作品起个名字"，"这个作品中有你吗？哪个是你"……通过这些提问让孩子们觉察自己的状态，宣泄情绪。

随着一轮一轮的创作和表达，同学们的作品整体印象从混乱走向了整合、条理化，山和海的出现，显示他们的自我力量变得强大，从他们为作品起的名字也能看出这种变化，从最初的"乱七八糟的世界"到"混合的世界""转移的世界""圣诞老人的世界""我的世界""温馨的世界"，体现了他们的安全感和归属感。学生们尽管还有淘气和让人头疼的时候，也有可圈可点的表现，每次上课前都有人主动帮老师摆椅子，有的同学会带口香糖来和大家分享，有几次沙子洒在地上，涵同学跑回班里，拿来扫帚和簸箕一点点仔细收拾。有一次放学，胜同学和昊同学留下来把玩具架上散乱的玩具摆放得整整齐齐。对他们的这些表现，我都会给予及时的表扬，强化他们的正向动机和行为。

阳同学说："做沙盘让我收获了友谊"；晨同学说："我们的沙盘越来越有顺序了"；睿同学说："有创意"；宇同学和涵同学说："以前不喜欢做沙盘，现在喜欢了"……

对外来工的孩子们，给予他们情感支持、理解与接纳、爱和关心。让这些孩子的生活多一缕阳光，是一件多么有意义的事情啊！

**三、抓实教学常规，提升教育质量**

(一)关注常态，人人献优，专家引领，追求健康的课堂生态

学校以培育学生核心素养为目标导向，将课程改革作为核心内容，进一步加强课程建设，有效推进高效教学。学校高度关注常态课，开展听推门课，加强巡课力度，切实提高教师高效教学的常态状况。同时，开展人人献优课

活动。由于目标明确,靶向性强,教师收获颇多。另外针对课堂教学中的问题,学校积极邀请语文、数学、英语、科任教研员分批次来校,深入教师的课堂,为他们释疑解惑。在专家引领下,教师的学习热情被充分调动,进一步更新了教学理念。同时学校行政分工合作,深入课堂听课调研,参与课堂教学研究;课外巡课,做好常规检查记录,利用全体会反馈情况,并跟踪整改情况;做好听课的指导反馈,重视常态课堂的教学质量。在迎接小教科、教研室"巡百课活动"及"青年教师巡课活动"中,均获得充分肯定。通过课堂教学的深入开展,教师活力与学生活力被不断挖掘,从而展现出健康的教学生态面貌。

(二)严格执行"三表"

严格按课表上课,不得随意调课;严格执行上课制度,提前到达课堂,不得拖堂,教导处加强巡视,作好记录,及时反馈。在常规管理工作中重点关注备课、上课、作业、辅导、检测等环节,定期和不定期检查落实情况,关注学困生,及时将检查情况进行分析反馈,针对发现的问题提出整改要求并跟踪复查。

(三)重视学困生转化工作

建立学困生档案,做好辅导工作,防补结合,课内补课外补结合。语文、数学、英语做到每课清,单元清,每月进行质量检测分析,并对检测的情况进行全面的总结,及时分析教学中成绩和问题,提出改进的措施,抓好落实。

(四)抓好两头,促进各年级均衡发展

作为起始年级的一年级,我们高度重视良好的行为习惯、学习习惯的培养;开展"适应期教育"的研究,搞好小幼衔接工作,在天津市适应期教育推动会上,录制的整合课作为会议资料、制作易拉宝进行现场展示、将《安全歌》编成快板现场演出,受到与会领导的好评。做好2016届小学一年级招生工作,解决本市适龄儿童和随迁子女就近入学问题。

(五)加强六年级各项工作的管理

定期召开六年级教师会、学生会、家长会,分析现状,提出努力方向,强化过程管理。召开毕业典礼。在领导、师生的共同努力下,六年级学习水平测试语、数、英三科一次合格率均为100%。认真贯彻落实小升初政策,严格缜密做好各环节工作,确保今年六升七工作准确无误,圆满顺利。

(六)开展综合性评价,促进学生全面发展

本学期要继续利用好学生的素质评价手册,对学生进行综合性评价,多元化评价,开展自评、互评等多种形式的评价,重视评价的发展性。

(七)优化作业 轻负高质

恩德里小学在贯彻新课程标准中,把课堂比喻为主阵地,把作业比喻为分战场。我们在作业上进行大胆的改革,使作业的内容体现个性化、生活化和社会化,作业的形式强调开放、探究与合作性。它充当了课堂教学与社会实践的补充与延伸,更是知识与能力的衔接桥梁。真正起到抓根固本、积累应用、探究创新的作用,极大地激发了学生完成作业的兴趣。这一过程学校历经了设想、磨合、调整、验证四个阶段。

1.设想阶段,学校结合作业监控记录,进行初步探索,2014年下半学期,又进一步完善,设立了"作业周计划与总结本",各学科每周制定详细的作业计划。

2.磨合阶段,学校举行了"创新作业金点子"征集活动,这一活动极大地调动了全体教师参与设计,探究与合作的积极性。

3.调整阶段,学校开展了"开放型作业,让快乐永相随"校本教研,各个年级根据各自学科的特点,分别设计了表演作业、实践作业、绘画作业、调查作业……这些作业贴近学生的生活,与教材息息相关,学生在娱乐中,在实践中,学习了知识,锻炼了能力。

4.验证阶段,学校开展"教师预做学生作业"活动,从教师层面验证"减负作业"的效果。作业的改革极大地调动了学生的学习兴趣,引导了学生热爱生活、关注生活,使学生在生活中应用知识,拓宽了知识视野,提升了综合能力,为学生创造了一个全面发展的空间。

### 四、修己以安百姓,精心实施"快乐三点半"

解决"三点半难题"是一项重要的民心工程,这个"真空时段"是学生安全和健康成长的隐患,也是困扰广大家长的难题。在河西教育局的引领下,恩德里小学从 2014 年 4 月开始,作为天津市第一所解决"三点半难题"的学校,创设了以"快乐三点半活动"为内容的"三点半课程"。四年来,学校采用"学生自愿,家长委托"的方式,把学校教师按照专业特长组织起来,把学生家长、社会公益团队、河西区青少年宫、民进区委会、社区志愿者、河西区军休所老战士宣讲团、大学生等社会资源作为骨干力量整合起来,至今已开设了三十多门课程。

四年前,我刚刚走进恩德里小学,面对朴素的校园、脸上泛着高原红的孩子、付出更多耐心与爱心的教职工,我的心被深深地震撼! 可以为他们做些什么? 六年间能为孩子留下些什么? 我经常会巡视校园,凝神思考。

2014 年 4 月,在调查学生才艺过程中遇到一个难题:全校只有一个葫芦丝二级的学生。作为一所普通小学,学生综合素养的提升就是学校发展的生命线。于是,我和班子成员商议,决定变每天下午课后学生托管班写作业为开展由公益团队和本校教师共同参与的特色活动。由于公益团队教师只能周末有空,无法工作日授课。为了学生,我们将三项活动安排在了周日,由行政轮换值班。

之后,天津市教育委员会下发了史上最严的减负令,托管班停止收费,多数小学三点半放学。孩子谁来接? 接后谁监管? 成为许多家长不得不面对的"三点半"困惑。面对难题,学校第一时间通过家长会和问卷等形式开展调查,结果发现:父母接送孩子的占 23.1%,家中老人或委托亲戚接送的占 46%,无人接送的也占到了 30.9%。学生三点半后"管理空档"问题突出。当时我们完全可以选择顺势等待,但我又一次思考着:教育应该有怎样的责任? 学校应该有怎样的担当? 下决心正式启动"三点半"教育活动。

众人拾柴火焰高。我深知这项工作离不开大家的支持。班子成员们经过反复研讨和思想碰撞,一致决定:实施"快乐三点半"工程。接下来,我把这一想法传递给了广大教师,有的教师抱怨:其他学校老师三点半以后都休息了,咱们这么玩命干啥?我及时通过讲述志愿者故事对教师进行了引导。故事发生在公益围棋课堂上:任教教师是南开大学热心公益事业的在校生团队,同学们亲切地称为"蓝天哥哥"和"月亮姐姐"。2014年圣诞节,是本学期公益围棋最后一堂课,"蓝天哥哥"给每位同学都颁发了他亲自制作的明信片作为学期总结,这不是普通的明信片,而是手绘同学肖像后,电脑制作成的专属明信片;"月亮姐姐"则充满真挚情感地给每名学生亲笔写了一封信笺。那一刻,同学们异常地兴奋和感动。临近下课,很多同学都是抹着眼泪、拉着"蓝天哥哥"和"月亮姐姐"的手,依依不舍地恳求继续上课……有位教师听了这个故事后,在教学日志中写道:我们总说爱学生,关心每一名学生,然而却没有像他们那样,把关心融入骨子里。公益团队的奉献精神与爱心感动着学生,也感染了教职工,全校教职员工对"快乐三点半"活动达成了共识。

就在"三点半"活动得到社会、家长及师生普遍赞同,我们积极开始实施时,诸多困难又摆在面前。缺乏师资、外聘教师没有专项资金,特别是学生活动中的安全问题更使我们担心。因此,我们积极挖掘内部优势,整合社会资源。我们把本校教师按照专业特长组成专职队伍,参与每项活动。同时,陆续开设"多彩画室""泥塑""纸艺""舞龙舞狮"等10个项目;邀请社会公益人士开设"武当""国际象棋""围棋""快板"等7个项目;热心的家长和社区志愿者们被学校的诚心所感动,闻讯纷纷加入,开设了"趣味手偶""腰鼓""太极拳"等7个项目;河西少年宫为学生开设了"舞蹈"和"合唱"两个社团;区军休所宣讲团的老战士也到校,为学生开展"五爱教育"专题讲座。社会各界的广泛参与,促使"三点半"活动焕发出勃勃生机。

针对资金设备缺乏、个别活动小组教师不固定等问题,学校自创教具,利用竹竿和废弃的布标制作成舞龙道具;曲艺名家杨铭开设的快板项目,由于恩小家庭困难学生比较多,每班购买快板的学生也就三四个,其他学生只能跟着说,这样一路坚持,如今学生每人手中都有了一副公益捐赠的精致快板。坚守中,学校赢得了社会的支持,无限极公司、新教育研究所、区青干班、突破三义工团队等为学校捐赠图书、书架、礼堂多媒体设备等物资,助推了学校的品质发展。

其间,民进天津市河西区委会践行"根植教育,倾情奉献"的服务宗旨,参与"三点半"活动之中:河西民进名师讲师团来了,走进课堂承担起部分三点半课程;体育学院教授带领他的专业团队来了,给予体育艺术类课程以指导;"新教育·新父母研究所"来了,为学生带来了价值 10 万元的图书。区委会还以"三点半"这一社会问题为调研重点,申报市级立项课题,从课程体系的角度开展调查研究,为恩小"三点半"活动课程化提供了专业性的指导与提升。

"快乐三点半"也悄然改变着教师和学生。刚入职的一名教师,利用三个月中午休息时间,坚持和一名"捣蛋鬼"学生进行师生共读。教师的真情、书香的浸润,让师生有了共同的语言、共同的生活密码和共同的成长。很多老师开始夸奖这名学生很懂礼貌,"好孩子"的评价代替了"调皮捣蛋"的称呼。像这样的例子还很多……"快乐三点半"教育活动的实施,让学校所有的"麻烦"与"周折"都转化为集体向上的精神凝聚力,使学校焕发出了无穷活力;更重要的是,它使学生们有了幸福的童年,为他们未来成长点燃了亮色。天津新闻、《天津日报》《今晚报》《每日新报》等媒体给予了相关报道 19 次,受到社会广泛关注与赞誉。"恩小"很普通,但我们拥有泥土般质朴的教育愿望,更拥有星空般高远的教育梦想。

"满意",就在细节里。《关于在我市中小学开展课后服务工作的通知》(以下简称"《通知》")积极回应了"十九大报告中提出要'不断满足人民日益增长的美好生活需求''办好人民满意的教育'"的观点。政府出资,对学生实施自愿免费的课后托管,彰显的是政府的责任与担当,受益的是每一个家庭。结合通知要求,学校坚持"面向全体、家长自愿;学校主渠道、免收学生费用"

的原则，充分利用学校在管理、人员、场地、资源等方面的优势，主动做好学生课后服务工作。从上学期开始开展课后服务，五点放学，并由学生家长自愿选择，学生是否参加课后服务。

课后服务内容主要是安排学生做作业，自主阅读，开展体育、艺术、科学普及、娱乐游戏、拓展训练、社团及兴趣小组活动，观看适宜儿童的影片等，并对个别学习有困难的学生给予免费辅导帮助，严格贯彻通知要求，绝对不将课后服务变相成为集体教学或"补课"。结合通知要求，学校在原先四年实践的基础上，进一步完善课后服务。

第一，学校进一步完善课后服务工作的管理制度和运行机制：领导小组对课后服务工作进行总体设计和组织协调，课程发展中心负责课程管理及师资调配，学生发展中心负责校内外资源的开发及成果展示，辅导教师负责各门课程的设计与实施。

第二，课后服务工作，学校坚持教育性、艺术性、健身性、趣味性原则，使活动的内容与形式丰富多彩，满足不同特长、不同兴趣、不同层次学生的发展需要，形成在普及与提高的基础上良性发展的局面。

第三，在这个多样化的时代，每个学校的文化不同，需求不同，所拥有的资源也不尽相同。在解决这一难题的过程中，学校依托所属区域的资源优势和特点，同时，也可以打破区域限制，形成合作关系网，为学生提供更为丰富多样的课后服务。学校调动了社会各方面的力量，整合社会资源，号召和组织社区、企业、少年宫、儿童活动中心、科技馆、博物馆、家长、志愿者等多方参与，为学生成长服务。

"快乐三点半"激发了孩子潜力、释放了教师余力、缓解了家长压力，为教育改革助力。让家长满意、助学生发展，民生福祉不在大小，只要同人民想在一起、干在一起，相信人民就会真心点赞。

表 4-1 "快乐三点半"活动项目安排表

开放课堂(周一下午 3：30)

| 序号 | 活动项目 | 活动地点 | 师资来源 |
|---|---|---|---|
| 1 | 我们是朋友 | 三年一班 | 南开大学吴帆团队 |
| 2 | 注意力训练 | 三年二班 | 天津师范大学 |
| 3 | 心理成长 | 心灵驿站 | 天津理工大学社工系副主任 |
| 4 | 绘本阅读 | 教师阅览室 | 故事妈妈俱乐部讲师 |
| 5 | 软笔书法 | 书法教室 | 天津师范大学 |
| 6 | 花样跳绳 | 操场 | 天津体育学院学生 |
| 7 | 舞龙舞狮 | 操场 | 天津体育学院学生 |
| 8 | 趣味田径 | 操场 | 天津体育学院学生 |
| 9 | 五子棋 | 四年一班 | 天津体育学院学生 |
| 10 | 小象棋舍 | 四年二班 | 国际象棋专职教练 |
| 11 | 少创派科技俱乐部 | 五年一班 | 北京科技大学团队 |
| 12 | 智造星训练营 | 科学教室 | 智造星公司讲师 |
| 13 | 快板 | 一楼形象厅 | 曲艺名家杨铭 |
| 14 | 合唱 | 五年二班 | 少年宫声乐教师 |
| 15 | 舞蹈 | 音乐教室 | 少年宫舞蹈教师 |
| 16 | 腰鼓 | 后操场 | 社区志愿者 |
| 17 | 少林拳 | 三楼大厅 | 河西体育局 |
| 18 | 戏剧表演 | 礼堂 | 天津音乐学院 |
| 19 | STEM | STEM教室 | 市科协 |
| 20 | 创意美术 | 美术教室 | 艺铭天成 |
| 21 | 围棋 | 三年三班 | 银联华彩 |
| 22 | 武当 | 操场 | 武术工作室 |
| 23 | 制香 | 科学教室 | 传统文化学堂 |
| 24 | 安全自护 | 六年二班 | 蓝天救援队 |
| 25 | 园艺 | 一年一班 | 学生家长(林洁) |
| 26 | 厨艺 | 一年二班 | 学生家长(冯德晟) |
| 27 | 朗诵 | 一年三班 | 学生家长(楚文泰) |
| 28 | 园艺 | 一年四班 | 学生家长(黄世典) |
| 29 | 趣味手偶 | 二年一班 | 学生家长(程琪涵家长) |
| 30 | 刮刮画 | 二年二班 | 学生家长(米思衡家长) |
| 31 | 糖画 | 二年三班 | 学生家长(辛楠家长) |
| 32 | 小小木艺 | 六年一班 | 学生家长(米宝跃家长) |

表 4-2 "快乐三点半"活动项目安排表

学校队(周二下午)

| 序号 | 活动项目 | 活动地点 | 师资来源 |
|---|---|---|---|
| 1 | 古筝 | 民乐教室 | 宫瑶工作室 |
| 2 | 足球 | 操场 | 本校教师 |
| 3 | 和球 | 操场 | 本校教师 |
| 4 | 中国象棋 | 三年二班 | 中国象棋培训机构 |

表 4-3 "快乐三点半"活动项目安排表

百家讲坛(周三下午 2：50)

| 序号 | 恩德讲堂内容 | 类别 | 主讲人 |
|---|---|---|---|
| 1 | 天津快板 | 传统文化 | 曲艺艺术家：杨铭 |
| 2 | 天津时调 | 传统文化 | 曲艺艺术家：刘迎 |
| 3 | 全员学宪法，精彩讲宪法 | 法制 | 河西法院：高歌 |
| 4 | 英语校园行——滨海广播《老外视线》 | 英语 | 滨海广播 |
| 5 | 民族艺术进校园 | 传统文化 | 天津歌舞剧院 |
| 6 | 我最喜欢的动画片 | 兴趣 | 天津少儿频道 |
| 7 | 五老牵手红领巾，共圆美丽中国梦 | 五爱教育 | 老战士宣讲团：高教授 |
| 8 | 我心飞翔——瓷娃娃励志讲座 | 励志 | 瓷娃娃：瑞红 |
| 9 | 共读共行新孩子 | 阅读 | 作家：童喜喜 |
| 10 | 我心飞扬 | 心理辅导 | 幺青 |
| 11 | 饮用水知识 | 科普 | 《天津教育报》记者 |

表4-4 "快乐三点半"活动项目安排表

五彩社团(周四下午3：30)

| 序号 | 活动项目 | 活动地点 | 指导教师 |
|------|----------|----------|----------|
| 1 | 电脑制作 | 机房 | 刘文郑 |
| 2 | 书法 | 书法教室 | 朱静 |
| 3 | 歌舞 | 音乐教室 | 杨丽艳 |
| 4 | 水墨画 | 美术教室 | 王津 |
| 5 | 简报 | 六年一班 | 宋乃君 |
| 6 | 小品 | 四年二班 | 胡俊佳 |
| 7 | 航模 | 五年一班 | 杜伟 |
| 8 | 国学 | 五年二班 | 郑玉娟 |
| 9 | 春雷话剧 | 一年一班 | 邵宇萌 |
| 10 | 创意涂色 | 一年二班 | 王雪 |
| 11 | 绘本图画 | 一年三班 | 宋春清 |
| 12 | 创意美工 | 三年一班 | 马雪 |
| 13 | 纸艺 | 三年二班 | 邢文蓉 |
| 14 | 简笔画 | 四年一班 | 董丹丹 |
| 15 | 建筑模型 | 科学教室 | 崔富荣 |
| 16 | 足球 | 操场 | 李欣 |
| 17 | 三跳 | 操场 | 索丽娜 |
| 18 | 田径 | 操场 | 陈留来 |
| 19 | 健美操 | 操场 | 王爽 |
| 20 | 舞龙舞狮 | 操场 | 体育学院学生李达 |
| 21 | 腰鼓 | 操场 | 社区志愿者杜青 |
| 22 | 少林拳 | 操场 | 社区志愿者张桂荣 |

(一)素质拓展课程

在"研发卓越课程"项目中,学校把很多爱心的公益人士请进来,促使学生拓宽视野，心灵更加充实。周一开展"快乐三点半"活动，由社会公益人士、资深的专家为孩子们开设国际象棋、围棋、书法、绘本阅读、武术、心理成长课程，还邀请有一技之长的热心家长走进课堂，为学生们开设朗诵、书法、厨艺、绘画、跆拳道、足球、营养健康、计算机、园艺设计等 14 门课程。周三，由著名曲艺名家杨铭先生，为全校学生讲解天津快板，经过一年的实践探索，全校每个学生都会唱《社会主义核心价值观》《津城美》《天安门前看升旗》三个快板；每个班有三名学生会打快板；每个班能自编自导原创的快板节目。六一期间，学校开展了首届恩小快板节，进而鼓励和带动更多的同学体味津味文化，弘扬津味文化。周四学校开设了腰鼓、太极拳、小乐队、彩墨画、剪纸、健美操、泥塑等 22 个社团。这些多姿多彩的课程，极大地丰富了学生的生活，彰显了学生的个性，使学生幸福快乐的健康成长。5 月 17 日上午，由天津市教育系统关工委主办的"整合学校和社会资源，促进学生健康成长"现场经验交流会在我校召开，经过全校师生的共同努力，展示活动非常成功，所有来宾对学校的"快乐三点半"教育活动给予了充分的肯定和赞扬。

（二）家校共育课程

"家校共育课程"的研发，更是吹响学校课改创新的集结号，进而带领全体师生、所有父母一起向前奔跑。此课程已开展一年有余，其中包括"恩德志愿活动""亲子共游""亲子共读"。全校六个年级，460 名同学在为期一个多月的时间里，走出课堂，走进社会，融入生活，开展了公益服务、环境保护、感恩教育等多种形式的"恩德志愿"活动，为学生的成长添上浓重的一笔。学生们走进困难家庭、儿童福利院、老人院、社区居民之家、社区课外活动基地、社区健身中心等，倾情奉献，感悟人生。

（三）加强区本课程的研究与实践

充分利用每天15分钟全校集中习字时间。每天下午 1：45 至 2：00 为全校学生练习写字的时间，各班同学们观看书法讲座视频，教师悉心指导，学生认真按每一笔画的要求去练习。学期末组织全校学生开展书法汇报活动。

同学们都非常认真地进行了书写练习,优秀作品在学校及班级进行了表彰及展示。

(四)小幼衔接适应课程

1.精心设计教材,加快适应脚步

《入学手册》——入学初期,学校召开"新一年级家校联谊会",沟通"家长怎样帮助孩子适应小学生活,顺利度过从幼儿园到小学生活的过渡期",我们还为每位家长和孩子制作了《入学手册》,编写了适应期校本教材。清晰明确地指出家长和孩子要做哪些准备,孩子会遇到哪些意想不到的问题,如何应对等。《入学手册》给予了孩子、家长入学的指导,并增进了家校的感情,形成了家校的合力。

《学思维》——这是学校编写的小幼衔接的数学教材,学思维的基础能力训练篇涵盖了 15 种思维方法,涉及形象思维、抽象思维、创造性思维三种思维形式,保证学生全面掌握各种基础性思维方法;综合能力训练篇设置了问题提出、问题解决、创意设计、探究活动和故事创作五个单元,训练学生综合运用各种思维方法的能力。依据学生在幼儿园以动手操作及能力培养为主线,我们以活动为引线,以思维培养在小学为重点,助力适应进程。

《学语文》——这是一本绘本教材,图文并茂,引领新生爱上语文,爱上读书,爱上学习,养成好习惯。

绘本阅读——以《新教育一年级》这本书作为师生、亲子共读的教材。这套图书按照 12 个月份为一年级学生列书单,使学生在潜移默化中受到教育,涵养美德。同时在学科教学中以绘本做切入点,在趣味中学会知识。比如,为了落实"找规律"的思维训练,数学老师先上绘本《乱七八糟的魔女城》,让学生感到"物品有规律地摆放,看起来真舒服",然后趁热打铁,指导学生进行书包、抽屉及整理箱的整理,以此,将绘本教学与"学会整理"两者紧密结合;为了使学生懂得专注倾听,安静阅读的重要性,结合《小魔怪要上学》的绘本阅读,学生在生动的图片中懂得自己要像"小魔怪"那样做,这样才能使生活变得越来越美好。

2.精准的心理疏导，加速适应进程

从幼儿步入小学将面临很多挑战：如何适应新的校园生活，如何和新老师、新同学建立亲密的关系等，这对学生来说是全新的、充满陌生与挑战的生活，有些学生就会因为心理准备不足而焦虑、害怕。为此学校在一年级中开设了《让我们一起做朋友》的课程，由班主任依据学生需要开展实施。刚入学的第一天，一年三班的小月就抱着妈妈的腿，边哭边喊着："妈妈，你一定来接我——"这就是典型的陌生环境恐惧症，班主任结合课程，引导孩子与孩子积极交往，在丰富多彩的游戏以及具体的情境中，有问题的孩子很快化解了心中的恐惧，从而很快融入的学生集体中来。

**五、卫生、艺术工作，让教育绽放光彩**

（一）积极开展形式多样，生动活泼的活动，为学生发展搭建平台

开展形式多样的校园艺术节活动及合唱大赛活动，使学生在活动中提高艺术修养，得到全面发展。

（二）夯实基础，发展特色，再创佳绩

虽然学校规模小、人数少，但对各级别的活动做到有赛必参，并取得好成绩：艺术教师积极辅导学生参加艺术活动，音美教师均获优秀指导教师奖。美术教师辅导学生参加全国少年儿童阅读年——经典绘画大赛分获银奖、铜奖等10人；音乐教师参加音乐学科基本功大赛获钢琴项目一等奖，辅导学生参加河西区文艺展演三项目分获二等奖，两个项目分获市文艺展演三等奖。教师分获指导奖。

**六、体育工作——让教育坚实有力**

为贯彻落实全国学校体育工作会议精神和教育部、国家体育总局、共青团中央关于开展全国亿万学生阳光体育运动的决定，我校体育工作始终积极响应"健康第一""每天锻炼一小时，健康工作五十年，幸福生活一辈子"的现代健康理念，以全面实施《学生体质健康标准》、大力推进体育大课间活动为

重点,蓬勃开展"阳光体育活动"。同时把阳光体育活动与加强学校体育课程建设、提高德育工作实效,促进和谐校园等紧密结合,努力培养学生积极主动的体育锻炼习惯,提高学生的思想道德素质、文明礼仪素质和身体健康素质,推进校园体育文化建设,本学年被评为河西区阳光体育先进学校。

(一)坚持每天一小时的体育活动制度

上下午各半小时,要求"二到":学生到场、任课教师到场;"四定":定内容、定时间、定地点、定老师。精心安排,周密组织,创编大课间活动,学生兴趣浓,积极性高,有效地提高了整体课间操质量。在河西区校操比赛中荣获三等奖。

(二)完善学生体质健康监测和评价工作

本学年在区教育局举办的体质健康点校监测中,我校30名学生在测试中,成绩优良,得到区体卫艺科领导的称赞表扬。

(三)与课外体育活动相结合,拓宽体育运动渠道

为配合体育课教学,保证学生平均每个学习日有一小时体育锻炼时间。丰富多样的学校体育活动已初具规模,校体艺活动的模式初步构建起来。我校不仅将学生课外体育活动纳入教育计划,形成制度,还认真组织实施"全国中小学生课外文体活动工程",在大力推行大课间体育活动形式,同时积极创建快乐体育园地,加强学生体育社团的建设。如广播操、校操比赛、亲子运动会、主题鲜明的冬季长跑等,不断丰富学生课外体育活动的形式和内容。如周一的"快乐三点半"邀请社会公益人士开设花样跳绳组、武当组、舞龙舞狮小组等。

(四)积极推进中国足球展望计划的实施,开展并具体实施足球进校园活动,积极落实"足球从娃娃抓起"

开展校园足球活动。本学期,由专职的体育教师进行授课,每周三次的训练极大地激发了学生参与足球运动的热情,无限极公司为小运动员们赠送了运动服、足球等体育器材,还为他们送来了牛奶、饼干等营养品。社会的关

注、家长的支持更进一步推进了我校足球运动的开展。

（五）营造良好的舆论氛围，激发体育活动热情

学校在开展活动的同时还通过多种形式，大力宣传阳光体育运动，广泛传播健康理念。在学校微信公众号上及时将体育活动信息上传，如：恩小足球队建立，参加无限极养生日行走活动等。使"健康第一""达标争优、强健体魄""每天锻炼一小时，健康工作五十年，幸福生活一辈子"等口号每个学生都牢记，并带到家中做到家喻户晓，深入人心。

作为金字塔尖，它的下面必须有牢固坚实的基座，成绩的取得反映了我校在日常体育教学及训练中，稳扎稳打，实实在在，真正让每一个学生受益。

**七、深化责任意识，提升学生教育安全系数**

我校将进一步健全内部机构，合理设置岗位，有力协调工作，规范管理。对配备的各种设施设备，精细管理，保证合理使用。学校加强安全教育管理，完善安保制度、措施，定期应急演练，结合食品安全检查，校园欺凌自查等活动，以及硬件设施的管理，制定相应的制度和岗位职责，责任到人。管好、用好，充分发挥现有设施、设备等资源的教育作用。确保校园每一角落的和谐与平安。

# 第三节　关注生命，幸福成长

作为为学生生命奠基的教师，我时时提醒自己：给学生一双慧眼吧，让他们把这个世界看得清清楚楚，明明白白，真真切切。开放的课堂教学，让家事国事天下事伴随着风声雨声读书声走进寒窗；让书本上的铅字，跳跃成大自然的花红柳绿、鸟兽虫鱼；让学生们求知若渴的目光穿越过去和未来，关注个体

和社会,使他们生命中的潜在表现力尽情地释放了出来。

**一、曲艺小花遍地开放**

在恩德里小学,每名学生至少会唱四段快板书、两段天津时调、会诵读古文《少年中国说》,在外来务工家庭中,他们已成了小小艺术家。

曲艺要从娃娃抓起,《鱼龙百戏》"人才计划"是一个培养传统艺术人才的有效平台,是青少年学习曲艺、戏曲等传统艺术的最佳阵地。恩德里小学在天津市曲艺团两年来的文化帮扶进程中,形成了曲艺特色学校。天津电视台《鱼龙百戏》"人才计划"海选活动携手天津市曲艺团走进河西区恩德里小学。

学校的活动内涵丰富、主题鲜明、旋律高昂、形式新颖,曲艺、歌曲、舞蹈、朗诵、法鼓表演、舞龙舞狮等形式纷纷登场,在天津市曲艺团优秀天津时调演员刘迎老师的带领下,全校学生都会表演一些天津时调经典节目,其中九位成为《鱼龙百戏》"人才计划"候选寻师人。

就读于河西区恩德里小学五年级一班的李依凝(化名),是学校的大队委,是一个性格开朗,处事大方的活泼女孩。

说起她跟刘迎老师的相识还挺戏剧性。学校举行《名师进校园》活动,把刘老师请进恩德里小学,教全校师生唱天津时调。当时李依凝还不懂什么是天津时调。后来听了刘老师的讲解她才知道,刘老师是王毓宝老先生的亲传弟子,那可是名人哪,天津时调是1953年命名的曲艺曲种。

刘老师一口气能唱好长时间,李依凝当时就纳闷儿,刘老师是怎么唱的?不喘气吗?后来才知道那是气口,刘老师用板眼一字一句地教学生,就这样李依凝对天津时调产生浓厚的兴趣,后来在六一儿童节那天,全校联欢大会唱的《军民鱼水情》,盛况空前,可震撼了,刘老师也感到很欣慰。

2017年,最让李依凝难忘的是到《鱼龙百戏》去录像。《鱼龙百戏》是贴近百姓的节目。这里有说的、唱的、跳的等丰富的节目。录像时一进演播现场,硕大的舞台上灯光如昼,台上有评委,台下有观众,座无虚席。

节目一共三个环节,第一关是唱天津时调《军民鱼水情》,李依凝的比分略胜一筹。第二关在问答环节，李依凝输给了对方，着急得都快哭了。观众给予她热烈的掌声，她渐渐地放松下来，终于在第三环节拉回了平局。

李依凝还和刘老师一起来到中央电视台参加过《过把瘾》栏目，并荣获"最佳拍档"称号。在录制过程中他们两人配合默契，表现相当出色，把国家级非物质文化遗产"天津时调"带到中央电视台！

李依凝说："天津时调是 2016 年被列入国家级的非物质文化遗产名录，我为自己会演唱天津时调而自豪！作为我们小一辈，继承民族优秀的文化是必须的，我会不忘初心，继续努力的。"

**二、彰显创新，乐享 STEM**

十八大以来，习近平总书记关于科技创新的一系列重要讲话告诉我们："科技是国家强盛之基，创新是民族进步之魂。"青少年是创新养成和发展的重要启蒙期和关键成长期。

恩德里小学注重为学生播撒下创新的种子，为他们注入创新原动力，使创新因子镌刻在每个学生的骨子里，流淌在血液中，从教育的源头为创新型人才的培养奠定基础。

在"互联网＋"时代，恩德里小学将"恩德"文化与"互联网＋教育"及未来时代变革中一切优秀教育理念和先进技术手段相融合，优化资源配置和信息化，拓宽"智慧校园"的外延与内涵，努力让每一位学生享受高品质教育。其中，STEM 课程更是彰显了师生敢于实践、大胆创新的精神。

STEM 的四个首字母分别代表着 Science、Technology、Engineering、Mathematics 的意思。STEM 教育特别提倡个性化和创造力的发展，同时也特别提倡学科之间的整合和融合，它可以锻炼学生的思维能力，来保证他将来的可持续性发展。

学校自 2016 年投入资金，建设 STEM 教室，组建 STEM 课程实验小组，全体数学教师、科学、音乐、信息技术教师形成团队，并聘请了北京师范大学郑教授、上海 STEM 课程策划小组的领导来我校为老师们进行培训。我们尝试着进行,学生在老师的带领下学习了中国的扎染艺术,了解并亲手制作了水晶玫瑰,通过学习,学生不仅学会了扎染的方法,还了解了很多的课外知识,如中国的丝绸之路、图爷爷的故事等,从中学生感受到了大千世界的微妙变化,提高了学生学习科学、探究世界的兴趣。

STEM教育提倡个性化和创造力的发展,同时也特别提倡学科之间的整合和融合,它可以锻炼学生的思维能力,保证其将来的可持续性发展。学校聘请北京师范大学博士给教师培训,购置《桥梁的设计》《制作喂鸟器》等课程的实验材料和教材,组建了STEM课程实验团队,一起协同合作,学习研究、积极实践。近一年,学校教师还自己研发了《风能》《桥梁的承重》《电池的原理》《制作水族箱》《我的彩虹瓶》等课程。

在主题沙龙环节,郑博士和学校STEM课程实施团队的教师进行深入交谈,几位专业任教STEM课程的教师从自己的教学实际出发,挖掘自身的教育故事,从别样的视角展示了STEM课程的无限魅力。例如,曾参加过STEM学习活动的信息技术教师刘文郑表示:"我将团队具体化,给出了学生一些具体的职业。让学生根据自己的情况进行职业选择,不同职业的同学组成一个团队,各司其职地进行项目的研究和开发,最后共同享受项目成功的喜悦。"数学兼STEM社团活动组的胡俊佳老师谈及STEM课程给自己和学生带来的改变时动情地说:"通过STEM课程,孩子们学会了在遇到困难时主动寻求同伴的帮助,体验到解决问题后带来的快乐,这对于学生来说是最幸福的事情了!"同样,科学教师刘畅认为STEM课程不仅打开了自己的教育视野,拓宽了教育理念,还给学生充分的想象和创造空间,在做中学,在学中思。确实,同学们通过STEM课程综合素养得以提升。

**三、研学旅行与志愿服务**

"纸上得来终觉浅,绝知此事要躬行",学生汲取知识的地方,不仅仅在校内、在课堂、在书本,更在于广阔的天地之间,在于考察实践的路上。教育部等11部门日前联合发布《关于推进中小学生研学旅行的意见》,意味着"研学旅行"这本流动的书将成为学生的必备读物。从 2016 年开始，河西区恩德里小学先行尝试，开放研学旅行课程，特别是"博悟之旅"课程效果最为明显。

众多博物馆是人类智慧的集合，它的专业性、直观性是教科书、学校教师所无法呈现的。走进社会大课堂，充分利用社会资源提升学生的综合素养势在必行。河西区有很多优质资源：天津自然博物馆、科技馆、图书馆等场馆，这些场馆为我们提供了丰富的课程资源。

（一）研学之旅——天津科技馆

三年级发现与探索教材中有《用眼卫生》与健康课教材中有《预防近视》和《看电视用电脑的卫生要求》，三节课都是以"健康"为中心，如果单纯地结合，必定没有凸显的效果。因此学校想借助河西区天然的优势：天津市科技馆的资源，设计了"健康生活"这一主题课程。让学生综合运用语文、品德、传统文化学科中的知识技能，学会写一篇结构为"总分总"、采用排比句式进行描写的游记，借助"健康生活"金牌讲解员评选活动，培养学生自主、合作、探究的综合素养。按照知晓健康的身体、健康身体的方式和展讲解风采的顺序进行实施。这种主题研究体系的构建和实施，会培养学生的综合素养，为真正实现培养综合型人才的教育目标奠定了坚实的基础。

（二）研学之旅——天津图书馆

教材中有资料袋和资料链接等内容，这部分内容虽然不多，学生对此却非常感兴趣。如果让学生回家后再搜集相关资料进行阅读，势必会出现有的学生因为条件或其他原因，不能高质量的查阅资料，阅读文章，拓展知识，依据本校实际，我们对图书馆课程的设计背景、培养目标、组织形式、具体内容，进行了规划，在一至六年级分别开设图书馆课程 8 课时，不同的年级侧重点不同，高年级设计让学生了解图书的分类法和图书馆的发展历史；中年级通过对目标图书的阅读，了解图书，并能撰写相关书籍的摘要；低年级同学依据主题词查找相关图书，制作班级绘本图册。同时我们在每个学期要开展一次主题阅读，把每个学期的第一个月的最后一天定为"恩小阅读日"。这一天学生们会来到天津图书馆进行主题阅读。图书馆课程培养了学生运用学科知识解决实际问题的能力,既提高使用天津图书馆资源的能力,又养成良好的阅读习惯。

(三)研学之旅——天津自然博物馆

学校始终坚信教育不是把篮子装满,而是把灯点亮,激发学生的学习兴趣,调动内动力,使学生对世界充满无尽的好奇心,让学生的学习引擎动力十足,学生就会在自己的学习活动中,不断研究探索,主动发展自我。为了给引擎助力,我们把学生带到天津自然博物馆。博物馆内丰富的标本,涉及动物、植物、古生物、古人类、地质等多种学科,在这种情境下,孩子们的新奇与探究被充分挖掘。进入展厅后学生就根据自己的学习单开展搜集于整理活动。不同年级的学生学习单的任务是不同的,低年级侧重不同种类的动物分类、特点,用简短的语言描述一两个动物标本;中年级侧重动植物的特点与习性的研究,通过观察、对比,对不同纲目的动植物有了具体的了解,最后以简单的调查报告的填写作为学习任务的检测方式;高年级则以古生物、古人类、地质为研究内容,任务单上为学生详细列出要重点研究的类别,以小组合作的方式完成自己的研究报告。所有的学生在这个自然传奇的情境中,受到感染,积极性被充分调动起来,教师们则成了引导员,在不同的展厅内,随处可见孩子们新奇的表情,激动而喜悦地研究着、讨论着。在大课堂中的蝴蝶园区聚集着一群兴奋不已的学生,因为他们不仅观赏到色彩斑斓、漫天飞舞的活体蝴蝶,还观察从毛虫到美丽蝴蝶的蜕变过程,真正体验"羽化成蝶"。

儿童对生命的理解与成人是不同的,学校充分利用科普教育区内的生命进化长卷,对学生展开生命的意义与价值的教育活动。"母与子"巨型山东龙骨架引发学生对生命产生思考,从而联系自身生命,在自我发展中体会谦卑与珍爱,展现人性光辉,活出生命意义。

学校利用天津自然博物馆极佳的资源,以主题任务单为形式,开展别有趣味的主题学习活动。这一课程的开发与应用促使学生点燃兴趣的火把,从而在主动探索中，提升综合素养。

2016年10月，恩德里小学的首次研学旅行——"博悟之旅"，在天津自然博物馆启动。博物馆是课堂的有效延伸，每个年级依据本年级学科教学内容，密切联系教材，设计适合本年级学生的学习活动方案，目的是做到博物馆为课程所用。二到六年级的学生以小组为单位，根据先在准备课中制定的学习方案，带着属于自己年级的学习任务单，分成不同的学习小组进行现场的探究和学习。回到学校，又通过手抄报、课本剧等形式进行总结回顾，收获满满。学校还邀请了博物馆的专业人员进入学校进行《探秘恐龙世界》，一年级的学生在现场认真学习、积极讨论，其他年级的同学通过现场直播共同观看。学生通过恐龙知识的讲解，对恐龙又有了进一步的了解，激发了学生对恐龙研究的兴趣。

在总结上一次的经验、做好更充分的准备和预案的基础上，第二次研学旅行在全校范围内同时进行。2017年3月30日，六个年级的学生带上图文并茂的学习单、分工明确的任务表、内容翔实的讲解词，分别来到人民公园、天津美术馆、南开大学等12个自然、人文研学场所进行学习和研究；活动结束后，学生对研学的内容进行汇总，不同班级之间交流分享；最后，这些资料汇总到"研学档案"中，到毕业时，将有12个学期的记录集成厚厚的一本，成为送给孩子的成长礼物。这样的体验，对于学生来说不仅是一次次珍贵的学习记录，更是一段难忘的人生经历。也许这些旅行并不会直接提高当时的考试成绩，但在潜移默化中提升了学生的学习主动性和探究意识，让孩子们受益终生。

完美旅程的背后，是恩德里小学师生的集体努力。在活动前期，教师们积极准备、先行规划、安排路线、收集资料。选择旅行目的地时，根据不同年龄段的学生特点，安排不同内容的学习：低年级的学生在自然博物馆、人民公园学习生物、地理知识，也在杨柳青版画博物馆了解地方传统文化、亲手拓印版画锻炼动手能力；三、四年级的学生去往天津静园、桂发祥十八街麻花文化馆、天津博物馆、天津美术馆和天津科技馆，了解天津历史、学习人文知识、提高美学素养；高年级的学生来到水上公园、周恩来邓颖超纪念馆、南开大学和天津大学，深入探究历史、体验学术氛围。

制定活动流程时，学校始终把学生的安全放在第一位，有主题、有路线、有人员分工、有时间安排、有应急预案，包括极端天气、突发情况的应对措施。为了预防学生在活动过程中出现意外，学校建立了安全领导小组，分工负责，统一行动；要求学生注意爱护绿化、保护环境，自带垃圾袋——事无巨细、有条不紊，最大限度降低活动中的危险，保证安全出发、安全抵达，也在过程中培养学生良好的个人素养。

研学旅行过程中还邀请部分家长参与，家长代表的职业包括医生、摄影师等，一方面为整个活动过程提供健康保障和相关服务，另一方面也希望家长能够对全面、立体的教育方式有更深刻的理解和认识。家长们也非常愿意配合学校的工作，和孩子一起绘制手抄报，用家长信的形式反馈了孩子研学的收获和感受，很多家长都对研学旅行课程给予了充分的肯定，二年级的一位家长说："感谢学校能够组织这样的校本课程，打开学生求知欲望的心门，从参加活动的前几天开始，孩子就在家查找一些关于恐龙知识的资料，本身从小就特别喜欢恐龙，加之在天津博物馆内又上了生动的一课，结合恐龙化石、标本以及专业老师的讲解，使孩子更深入地掌握恐龙知识。孩子回家后讲了许多。希望学校多开展这样的课程。""一切皆课程，处处皆教育。"从家长的反馈中，不难看出研学旅行课程对孩子的学习和成长发挥的积极作用。

研学旅行的目的是学生能健康发展，让他们有动手、动脑、动口的机会，身体力行地感知世界，提供教育所必须、学生所不足，是对学校教育的有益补充。同时，我们的研学旅行始终坚持公益性，做到让每一个学生都能参与到活动中来。

在研学旅行中，如果只强调学，那么旅行的过程就充满负担；如果只强调玩，又会失去课程的本质。怎样才能使学与玩深度融合呢，我们将"启迪智慧"的目的贯穿于研学旅行始终,通过准备课、现场课、评价课,每个部分都有细致周详的教学安排,做到知行合一、以知促行。

"研学旅行"的"学",体现在旅行前——准备课上,为了使研学旅行的现场课收到更好的效果,前期老师们与全校同学一起做足了功课。在旅行之前,老师们要进行充分的先期调研,亲自来到每一个场所,查看环境、寻找知识点,对所有课型进行培训,并为全校五百多名学生分别制作任务单。任务单根据不同年龄段孩子的接受能力和兴趣特征,以图文并茂的连线、填空、选择问答等趣味形式呈现,如恐龙主题的旅行任务单包括不同种类恐龙的名称和植食性、肉食性恐龙的划分;周恩来邓颖超纪念馆的任务单包括近现代史的知识归纳;天津静园的任务单包括学生自己撰写的讲解词等。

"研学旅行"的"行",体现在旅行中——现场课上:教师引导学生用脚步丈量、用眼睛观察、用心灵感受,学生们走进自己喜欢的研学场所,身体力行地感知知识、拓宽视野、涵养品行,通过社会调查、参观访问、亲身体验、资料收集等形式,充分地认识自然和社会。

"研学旅行"的互动融合,体现在旅行后——评价课上:学生以表演、绘画等大家喜闻乐见的形式分享研学所得,在轻松、活泼的氛围中,知识的积累得到了增长,旅行的意义得到了升华。

文化的积淀融于生活点滴。在自然景点研学的孩子,静下心来感知大自然魅力,观察无处不在的风景,留存在孩子心底的,是对美的追求、向往;在科技场馆研学的孩子,深入探索科学奥秘,领略技术进步的智慧和力量;在人文场馆研学的孩子,通过对历史、民俗的了解,体会伟人的家国情怀,感受家乡沧海桑田的变迁。这些深切的领悟将被孩子们永远铭记,成为成长路上的指针。

生活需要一颗感恩的心,一颗感恩的心需要在生活中滋养。恩德里小学的德育课程之一——恩德志愿服务,是帮助学生成长的另一个舞台。社会责任感的培养要从小抓起,恩德里小学的志愿服务从一年级开始,从校园内开始，每一个人都有自己的服务场所，每一处地方都有自己的服务对象。无论是天津市河西区启智学校还是龙福宫敬老院，无论在小区会所还是图书馆，只要有能做的事、能帮的人，就能看到穿着红马甲的恩德里小学志愿者的身影。

公益服务、环境保护、感恩教育等多种形式的"恩德志愿服务"，为学生树立了"心怀感恩，涵养美德"的理念。一年级的同学用稚嫩的小手呵护校园里的一草一木，三年级的同学在初春微寒的天气里擦洗人民公园游戏区的护栏，六年级的同学来到周恩来邓颖超纪念馆做"小小向导"，为参观者引路……在一次次认真而细心的义务劳动，学生明白了参与志愿活动不只是单纯地帮助他人、服务社会，同时也是在学习传递爱心和传播文明。恩德里小学的17个教学班对应17个服务场所，一年六次的志愿服务已经成为常态化内容，融入学生的成长经历。

学习本无底，前进莫彷徨。从研学旅行到志愿服务，恩德里小学通过无边界的课程和活动安排，达到实践育人的目的，为学生的童年播下了真、善、美的种子。

# 第五章
## 规范办学,成效显著

我们对学校近几年来的综合办学成绩及督导工作进行了分析，特别是针对责任区督学反馈意见中提出的问题进行了深入细致地研究，对所有的问题进行了列举，一一找出解决对策，明确了学校近期、中期和长期的发展目标，责任落实到个人。

学校的师资队伍总体素质比较好。近几年学校不断有教师交流及大量招聘新教师，为使学校继续发扬团结互助、务实创新、和谐进取的恩德精神，学校领导班子首先深入群众，摸清底子，征求老师们对学校发展的意见和建议，在此基础上，学校多次召开有关人员会议和教代会，进行认真的研究和讨论，提出了学校的发展规划和办学理念。领导班子以身作则，身先士卒，同心同德，团结带领全体教职员工奋力拼搏，努力进取，锐意改革，学校各方面工作呈现出快速、健康、和谐的发展态势。由于规范办学的落实，学校安全、德育、教学、后勤及党工团队等工作得到进一步发展，学校先后被评为全国"和谐德育"课题先进实验校、全国生命教育实验先进校、全国新教育实验优秀学校等30多项称号。

**一、认识到位，落实责任，努力提升办学水平和实效**

规范办学、依法治校工作作为一项全局性、综合性、系统性的工程，在学校各项工作中居于十分重要的引导地位。从空间维度来说，规范办学、依法治校工作涵盖了学校工作的方方面面，包括安全、德育、教学、管理、教育技术装备、宣传、后勤、财务、党团少工会、师德、师资配备与管理、教科研、电教、档案等,同时涉及教育系统中工作的每一个人;从时间维度来讲,学校被教育督导分为过程随访督导和年终综合督导,贯穿学期始终,贯穿一年始终。我们深刻认识到学校办学水平的高低不是单靠嘴说出来的,是要靠平时一点一滴的工作积累的,最终靠规范办学、依法治校来保障,从教育教学成绩来体现。做好规范办学、依法治校工作,对于提高一个学校的办学水平、促进学校教育教学和管理具有十分重要的意义。练校长上任伊始,首先带领全体领导班子成员进行规范办学的专题会议学习,进一步明确规范办学、依法治校的目的、内容、细则、任务和方法,并按照内容进行了具体的分工,一是落实工作责任;二是对照学校硬件和软件方面的实际情况,找出学校存在的优势和不足;三是与兄弟学校相比较,学习借鉴他们在规范办学、依法治校方面的先进经验,取长补短。通过这些举措,全体教干教师对于规范办学、依法治校的认识进一步提高,工作态度发生了更积极的变化,学校不足的方面得到改进,办学质量和水平不断提升。

**二、建设学校的教育督导体系,促进学校各项工作的提高**

(一)成立领导机构,打造一支高素质的督导工作队伍

学校成立了以校长为组长的依法治校工作领导小组,成员包括领导班子全体成员、各年级主任教研组长、各班主任。学校安排一名副校长主管全校的依法治校工作,政教处教务处总务处等部门负责人负责督导日常工作。学校依法治校工作由领导小组统筹规划,各部门成员既要做到任务分工明确,同时在具体工作中又要相互协调配合,督导办公室统一协调调度。学校依法治校工作领导小组定期召开会议,认真研读有关内容和政策,深入领会其指导思想和具体要求,明确目标,落实责任,并经常性地听取各小组成员的意见和建议,对工作过程中出现的困难和问题及时加以解决,确保依法治校工作顺利进行。

(二)健全和完善各项规章制度

没有规矩不成方圆。为做好依法治校工作,学校专门制定或重新修订了

一系列规章制度。内容涉及安全、德育、教学、科研、体育卫生、教师学生管理、后勤等十几个方面。教育督导室设在学校室,负责监督政教处、教导处、总务处等各执行部门对制度的执行和落实情况,并向校长及时汇报工作。以《恩德里小学教职工绩效考核方案》为例,内容包括师德、考勤、常规工作、团队合作、教学成绩。其中师德评价涉及师德教育学习、学期总结、心得体会、整改措施,包括领导班子、中层管理人员、教师、学生、家长评议得分、落实安全工作,所有项目一目了然,每学期末会进行教师自评、教师互评、主管领导评价,最后学校综合评价和公布,起到正面的工作导向和督促作用。

学校党支部全面领导各项工作,学校工会也主动发挥自己的职能工作,积极发挥教代会的作用,发挥参与管理和督促的作用。

**三、扎实做好各项日常工作,做细督导工作过程化管理**

依法治校工作涉及学校工作的方方面面,涉及每一个人,贯穿一年始终,做好这件工作并非一日之功。这需要学校每一位教职员工扎扎实实做好每一方面的工作,而不是到年底临时编造各种档案、打扫卫生来应付检查,临阵磨枪的做法是不符合依法治校的目的和要求的。我们采取以下做法。

一是平时工作细化,责任到人,不留死角。我们拿出专门时间对各级规范办学、依法治教的方案、制度来进行学校和研究,对其中的所有针对学校日常各项工作的条目,进行分解细化,责任到人,做到事事有人管,人人有事做。平时只要我们认真做好这些规范的工作,脚踏实地,留下我们工作过的痕迹,不管是过程随访督导还是年终综合督导就不会被动,就不会出现临时抱佛脚和欺上瞒下的做法,各种档案材料皆有据可查,也就更能够增加各项检查的可信度。比如,学校的安全管理工作,功夫必须用在平时。我们将安全工作列为学校最重点工作之一,是所有工作中的基础性工作,要将安全工作渗透到每一项日常工作中,使安全工作深入到每位领导每位教职工每位学生每位家长的心中,化作安全的意识和自觉行动。每学期初,学校都要制定安全工作计划,针对不同季节制定或修订各种预案,统计学校的基本情况,安排部署学校安保工作,建立或调整相应的安全领导机构及各个小组,与班主任、任课教师、学生家长、部门负责人等层层签订目标责任书,修订安全制度;学期中还要多次开展安全教育和演练,召开各类人员的安全会议,做好安全值班,开展专项整治,清查事故隐患,撰写安全日志,报送各种资料;年中年末还要做好学期及年度总结,整理上级文件,整理装订成安全档案等。平时学校对安全责任事故实行"零容忍"的态度,各类安全工作实行"痕迹化管理",即安全工作档案必须有计划(或方案)、有过程记录、总结、图片、事后有新闻报道。学校工作安全无小事,一旦日常工作抓不好,学校出现了安全事故,不但会消耗大量的人力、物力、财力、精力,还会影响学校声誉,留下一大堆后遗症,到那时我们又将如何去处理、面对呢?再比如说,时效性和过程性较强的一项工作:依法治校、督学工作和宣传报道,如果我们不注重日常管理和积累,年底的时候则肯定拿不出相应的档案材料的。所以说,做好规范办学依法治校工作,归根结底取决于日常扎实的工作,这是做好依法治校工作的前提和基础;同时,认真研究贯彻落实依法治校工作细则也会有力地促进学校的教育教学管理和日常工作的提高。

二是不求一时之功,贵在坚持。制定出台几个制度,出台一些工作措施可能比较简单,难就难在能够长期坚持不懈的落实。我们安排值班行政和老师到交通路口值班,一个月可能很容易,一个学期可能也不难,但是,一年,两年,三年,十几年,风雨无阻,那就不是一件容易的事情了。学校政教处每周做计划安排,做好明确的工作和责任分工,协调好其他工作,保证值班人员不脱岗,值班行政要加强安全岗位的督导。

**四、聘请常年法律顾问,指导依法治教的落实**

法律顾问从法律层面指导我校的规范办学、依法治教工作,对我校章程和各项管理制度进行审核,确保制度的合法性。并定期来学校为教职工、学生开展法律讲座和教育,提高广大师生的法律意识和处理技巧,提供法律服务,已起到非常积极的作用。

**五、从具体工作落实依法治校，进一步规范学校的办学行为**

一个学校必须端正自己的办学思想，坚持正确的办学方向，认真履行教育责任，依法办学，依法治校，依法治教，严格规范办学行为，积极实践办学的理念和特色，扎扎实实开展各方面工作，这是一个学校健康发展的必由之路，也是一个学校生命力之所在。我们充分认识到这项规定对于学校办学来说的导向作用，在规范办学行为方面的主要做法是：第一，充分认识减轻学生过重课业负担的重要性和紧迫性。采取切实有效措施，提升教师素质，提高课堂教学质量和效益，做到减负增效。第二，学校严格按照教育局要求，招生实施免试、划片、就近入学的原则，学校不分重点班、实验班、特色班、特长班。第三，严格执行国家规定的课程计划。开齐开足课程，严禁占用体育、艺术、综合实践、校本课程等课时补强其他文化课，确保学生德、智、体，身、心、灵等方面全面发展。第四，确保学生每日有充足的睡眠时间和自由活动时间，保证学生每天有 1 小时的体育活动及室外活动时间。第五，严格规范教辅资料的征订。学校和教师不向学生推荐或统一购买未经中小学教材审定委员会审定或教育行政部门审定的练习资料和复习用书。第六，严格教育教学秩序管理。学校不得随意停课放假，不组织学生参加商业庆典或其他非教育性社会活动，不在节假日给学生全体补课或变相上课。第七，深化教育教学改革，提高课堂教学的质量。学校实行教师集体备课制，备精每一堂课，优化教学设计和课堂教学过程，以提高每一堂课的质量和效益。学校建立健全了教育教学研究制度，不断加强教育教学的研究，充分发挥教师集体的作用。改革课堂教学模式，用先进的教学理念和方案指导教学工作，课堂内有充足的时间让学生自主学习和展示。教师精选作业内容，提高作业的质量，坚决杜绝布置大量机械性、重复性、惩罚性的作业，注重引导学生自主学习。

由于学校扎实地实行规范办学依法治校，使学校各项工作都能顺利地和谐地发展，在教育教学上不断取得了优异的成绩，得到广大家长、社会各界的认可和赞赏。

生命之芽的萌生,花朵的绽放和果实的生成都是静悄悄完成的,真正的生命活动在于内心,这是一个泥土般质朴的教育愿望,也是一个星空般高远的教育梦想。

桃李不言,下自成蹊。我经历了,我奉献了,我不后悔,对教育的热情投入,对学生的负责之心是我人生快乐的源泉,身后一串串深深的脚印是我生命价值的体现。

展望未来,任重而道远。我在心里默默发誓:任凭岁月更迭世事沧桑,任凭青春流失憔悴容颜,我会永守这盏希望之灯,树万世之师表,铸不朽之师魂。我追寻的,不仅是"俯首甘为孺子牛"的高洁,"春风得意马蹄疾"的畅快愉悦,更是"数风流人物,还看教师"的豪情!